「産業革命以前」の未来へ
ビジネスモデルの大転換が始まる

野口悠紀雄 Yukio Noguchi

NHK出版新書
550

はじめに

いま、世界のビジネスモデルは大転換しようとしている。

これに伴って、組織のあり方や人々の働き方も大きく変わる。そうした変化を先導できる国や企業や個人が発展し、変化に対応できない国、企業、個人が後れを取り、衰退する。

本書では、大航海時代から産業革命を経て、現在にいたる長い歴史の流れを見る。

いまどき「大航海時代を振り返る」などと言うと、「なんたる時代錯誤」と思われるかもしれない。確かに、これは500年も前のことだ。

しかし、世界は、その時と同じような大変化を迎えようとしている。

それは、一言で言えば、産業革命以前の独立自営業の世界への「先祖がえり」だ。産業革命以降続いてきた流れが、いま大きく転換しようとしているのである。

産業革命以降のビジネスモデルの基本は、さまざまな工程を1つの企業の中に統合し、組織を大規模化することによって、効率化を図ろうとするものだった。しかし、1990年代以降、新興国の工業化や情報・通信技術の進歩によって、この基本が変わりつつある。

新しい経済において重要なのは、大組織の中で決まりきったことを効率的に実行することではなく、まったく新しいビジネスのフロンティアを見出すことだ。それに成功するかどうかが、これからの企業や個人のあり方に大きな影響を与える。

本書のタイトルは、『「産業革命以前」の未来へ』とした。これは、一見して奇妙な表現だ。しかし、「未来を開く鍵は、産業革命よりも前の時代に見出すことができる」というのが、本書の基本的な立場である。

では、どうすれば新しいビジネスモデルを見出すことができるか？　ほかの人には見えないフロンティアを見出し、ほかの人が見出していない新しいビジネスの方法を考え出すには、どうしたらよいか？

それを考えるために、本書では、長い期間の歴史を見る。そして、「ビジネスモデル」という概念を、通常考えられているより広範なものとして捉える。

ビジネスモデルを考える場合には、普通は比較的短い期間を対象とし、具体的なビジネスの展開方法を問題とする。しかし、本書では、つぎの諸点についての選択が、ビジネスモデルの基本であると考えている。

・集権的か、分権的か
・垂直統合か、水平分業か
・大組織か、小組織か
・有料で販売するか、無料で提供するか
・政府の力を強くするか、市場メカニズムを活用するか
・組織人か、独立自営業か

これらの概念を用いて本書の基本的なメッセージを要約すれば、「産業革命によって垂直統合化・集権化・組織化が進展したが、新しい経済の最先端は、それ以前の時代の分権的ビジネスモデルへと先祖がえりしつつある」ということになる。

ただし、「大組織か、小組織か」ということについての先祖がえりは、まだ現実には生

じていない。現代の社会において大組織がいまだに支配的であることは、否定できない。だが、経済活動の中心が産業革命前のような小組織や個人に移る萌芽《ほうが》はすでに見られる。人々の働き方においても、フリーランサーが増えつつある。

本書では、これらに関する変化を、抽象的な概念として扱うのでなく、具体的な人々の活動を通して描こうとしている。

各章の概要は、つぎのとおりだ。

第1章では、大航海時代を見る。15世紀に遠洋航海を可能とする航海技術が発達したが、ヨーロッパ的なビジネスモデルと中国のそれは、大きく異なった。勝ったのは、前者である。勝ったヨーロッパは、フロンティアを拡大し、中世から脱却した。負けた中国は、その後500年間の大停滞に陥《おちい》ることになった。

ただし、ヨーロッパでも、その後の発展は国によって差があった。最初に大航海に成功したのはポルトガルとスペインだったが、これらの国は、それを産業の発展に結びつけることができなかった。東インド会社による通商を通じて産業革命にいたる発展を実現できたのは、イギリスとオランダであった。

第2章においては、18世紀から19世紀にかけての産業革命が、経済活動の姿を大きく変化させたことを述べる。工場制工業が可能になったことで、経済活動は大規模な組織によって行われることになった。

蒸気機関の鉄道による長距離移動が可能になり、人間のフロンティアは再び大きく拡大した。鉄道業と鉄鋼業が発展し、これらの産業は垂直統合化を進めた。それに続いて、石油産業と自動車産業が発展した。これらも垂直統合型のビジネスモデルを採用した。

この過程で、とくにアメリカにおいて、空前の金持ちが誕生した。組織は大規模化し、そこで働く人々は、組織人となることを要請された。

第3章においては、IT（情報通信技術）の登場による産業の変化について述べる。19世紀には電信と電話が登場し、20世紀には無線とコンピュータが登場した。これらは産業革命的な技術とは異なる性格の技術であるが、それらを扱う企業は、ビジネスモデルの面では、産業革命的な大規模化と垂直統合化を採用した。そして、AT&Tなど空前の大企業が生まれた。

この過程で、技術革新への対応に失敗した大企業もある。最初の失敗者は、ウエスタンユニオンだ。一時は、電信会社として世界を制覇したが、電話の持つ潜在的な力を見抜けなかった。勝ったのはAT&Tだが、そのAT&Tも20世紀には失敗した。

1980年代からのIT革命によって、大型コンピュータが、PC（パソコン）に変わり、電話がインターネットに変わった。企業のビジネスモデルとしては、垂直統合ではなく、水平分業が主要なものとなった。

第4章では、このIT革命の勝者としての「GAFA」について述べる。GAFAとは、グーグル、アップル、フェイスブック、アマゾンの頭文字をとったものだ。これらの企業は、工場を持たない製造業や、検索連動広告などの新しいビジネスモデルを開発した。現代アメリカの経済成長は、これらの企業の成長によって支えられている。

第5章においては、いま新しく登場しつつある企業を紹介する。これらは、「ユニコーン企業」と呼ばれ、「シェアリングエコノミー」や「フィンテック」（ITの金融業務への応用）などの分野において、目覚ましい活躍をしている。ユニコーン企業の動向は、未来社会の行方を示唆するものとして重要だ。

第6章では、新しい情報技術である「人工知能」（AI）と「ブロックチェーン」が、未来に向かって新しい可能性を切り拓きつつあることを述べる。AIとブロックチェーンは、労働者の仕事だけでなく、管理者の仕事をも代替することによって、人間の働き方に大きな影響を与える。

多くの人々の仕事を奪うという意味で、「破壊者」(ディスラプター)としての側面があることは否定できない。しかし、変化は破壊だけではない。価値がこれまでより高まる仕事もあるはずだ。「AIやブロックチェーンによって価値が高まる仕事が何か」を見出すことが重要だ。

現在の中国では、第2章以降で述べているすべての変化が、同時に進行している。これが、第7章の内容だ。すなわち、産業革命的な大企業と、GAFAに対応する企業群である「BAT」(後述)、そしてユニコーン企業やAI・ブロックチェーン関係の企業の共存である。

中国は、長い歴史を通じて、政府がすべてをコントロールする官僚国家であった。いま、そこからの大転換が生じつつある。しかし、政府の力は強く、官僚国家と市場主義経済とが奇妙に混合している。中国は、根源的な矛盾をはらみながら成長している。

第8章は、日本について述べる。日本の社会や組織は、以上のような大きな変化の中で、後れを取っていると言わざるを得ない。日本は産業革命的な技術にはうまく対応できたが、IT革命以降の新しい技術には適切に対応できず、世界の最先端からは大きく立ち後れた。

日本では、GAFA企業に相当するものは、残念ながら生まれなかった。そして、それに続く企業群であるユニコーン企業においても、後れが目立つ。この状況が続けば、21世紀の世界において日本の立ち位置はなくなってしまう。いま、どのような変革を試みるかが、問われている。

本書の刊行にあたっては、NHK出版、放送・学芸図書編集部の山北健司氏にお世話になった。御礼申し上げたい。

野口悠紀雄

2018年3月

「産業革命以前」の未来へ――ビジネスモデルの大転換が始まる　目次

編集協力　手塚貴子
校閲　猪熊良子
DTP　佐藤裕久

第1章　ビジネスモデルの「先祖がえり」が始まった

1　なぜ大航海時代を振り返るのか

パイオニアたちから何を学ぶか

第1章では、大航海時代を見る。

いま、なぜ大航海時代を振り返ることが重要なのか？　それは世界経済の基本的潮流が、1990年代の終わり頃から大きく変化し始めているからだ。これは、産業革命から続いてきた流れの転換と捉えることができる。

大航海時代にフロンティアが大きく広がったように、いま、新しいフロンティアが拓けようとしている。ただし、それは地理的な意味でのフロンティアではない。情報空間における新しい可能性だ。

IT革命と新興国の工業化によって、先進国では、製造業が顕著に縮小し、中心産業は情報関連産業へとシフトした。アメリカ時価総額ランキングのトップ5社は、すべて情報分野での新しい技術革新と関連している。

働き方の観点から見ても、ルールどおりの規則正しい仕事でなく、創造力が重要になっている。産業革命以降、大規模化、効率化、組織化という流れが続き、それによって、大組織や国家の支配力が強まった。いま、それからの解放が可能になりつつある。

この状況は、大航海時代のヨーロッパと似たところがある。1000年以上にわたって続いたカソリック支配からの解放が可能になったのと似た変化が、いま世界規模で生じようとしているのだ。

産業革命に先立つ時代が、これからの時代のモデルになる、「歴史の循環」「先祖がえり現象」が生じている。これは、新しい技術を活用して、人類のフロンティアを大きく拡大するチャンスでもある。

大航海時代から学ぶことができるのは、まず何よりも、未知のフロンティアを探し出そうとするパイオニアたちの、熱意と努力だ。フロンティアは、確実に存在するかどうかはわからなかった。しかし、彼らは、必ず見出すことができると確信して、困難な探求を途中であきらめなかった。

もう1つ重要なのは、彼らのフロンティア探索を支えた社会制度だ。

本章で見るように、社会制度は工学技術と同じように、場合によってはそれ以上に、重要だった。大航海を国家事業として行った中国は、それをフロンティア拡大につなげることができなかった。新しいフロンティアを切り拓くパイオニアが活躍するためには、経済的なインセンティブが必要であり、それを認めるような社会的制度が必要だったのだ。

潜在的なパイオニアは、いつの時代にも、またどんな国にもいるだろう。しかし、そうした人たちの夢が実現し、それが現実社会を変えていけるかどうかは、社会の制度によるのである。本書が強調したいのは、この点だ。

大航海の目的は商業的利益だった

「初めに香辛料ありき」

シュテファン・ツバイクの『マゼラン』（関楠生／河原忠彦訳、みすず書房、1998年）は、この言葉で始まる。

1519年、マゼラン（1480～1521年）は、アメリカ大陸を抜けてインドに達する海峡が存在すると信じ、小さな船団を率いてスペインを出港した。そして、1年以上にわたる困難な探索の末に、南米大陸の端を回って西の海（太平洋）に出る航路を発見した。彼自身は途中で客死《かくし》したものの、彼の艦隊は人類最初の世界周航を果たした。

この航海の目的は、ヨーロッパから香料諸島にいたる新しい通商ルートの発見だった。

つまり、マゼランは、商業的利益という経済的なインセンティブに導かれたのである。

マゼラン艦隊の目的は、地球の形状を確かめることでもなく、キリスト教を広めることでもなく、「金儲《もう》け」だった。金儲けを目当てに航海に出たところ、人類の歴史を変える大発見をしてしまったのだ。

マゼランに限ったことではない。コロンブスもヴァスコ・ダ・ガマも、航海の目的は金儲けだった。ヨーロッパ世界のフロンティア拡大は、経済的なインセンティブによって実現したのだ。技術的に可能なことであっても、それを実際に用いて現実の世界を変えていくためには、適切な経済的インセンティブが必要なのだ。

王室ではなく商人が資金を拠出した

航海に乗り出したコロンブスやマゼランは、現代で言えば、「ベンチャーキャピタル」(未上場企業に対して投資を行う投資会社)から資金を調達した「スタートアップ企業」(創業したばかりの企業)だ。したがって、資金を提供してくれるパトロンを見出す必要があった。

コロンブスもマゼランも、国王の援助を求めた。歴史の教科書には、コロンブスの場合にはスペインのイサベラ女王が、マゼランの場合はスペイン王カルロス1世がパトロンになったと書いてある。しかし、それは多分に名目的なものであり、実際の資金は商人たちが拠出した。

王室のサポートは、「お墨つき」の性格が強かったと思われる。ツヴァイクの『マゼラン』によると、マゼランは「私の必要とするのは資金ではないのですから。ただスペインの国旗の下に航海してもよいという栄誉だけをいただきたい」と言っている。

資金面で本当に重要な役割を果たしたのは、セビーリャの有名な回漕問屋クリストファ・デ・アロだった。スペインの御前会議は、「アロのような老獪《ろうかい》な事業家が私財をつぎ込もうとするからには、これは特別利益の多い企業にちがいない」として、王室財産の投資を決めたのである。

大航海が軌道に乗ってからあともそうだった。ポルトガルやスペインの王室が主導したのは事実だが、王室だけでは航海費用を賄《まかな》いきれなかった。16世紀の初めになっても、ポルトガル王室は自国からインドに船団を送るための費用の4分の1未満しか用意できず、残りはジェノバや南ドイツの商人から借りたと言われる。

リスク分散の仕組みを作った中世イタリアの商人

このように、大航海時代における主たる出資者は商人たちだった。

このための仕組みは、大航海に先立つ時代に、中世イタリアの商人たちによって地中海貿易を発展させるために、準備されていた。地中海貿易自体は古代から行われていたが、イタリア商人が作ったビジネスモデルによって発展した。

大航海は、地中海貿易に比べて、遥かに危険な企《くわだ》てだった。最初は目的地までのルートが本当にあるかどうかさえわからない航海だったのだから、信じられないほどリスクが高かった。これほど大きなリスクから出資者を守るには、かなりのリスク分散が必要になる。つまり、非常に多数の出資者が必要になる。このために、中世イタリアの商人が生みだしたビジネスモデルが大きな役割を果たした。

とくに重要だったのは、保険などの金融技術だ。さらに、イタリア諸都市では、船舶所有者と出資者が「コンメンダ」と呼ばれる契約を締結していた。これは、出資者と事業者で利益を分け合う仕組みだ。ヴェネツィアでは「コレガンツァ」と呼ばれていた。

コンメンダは、「匿名組合」という意味だ。匿名が必要とされたのは、貴族や聖職者などが営利事業への関与を隠したまま、利益を得たいという需要があったからだ。

重要なのは、この仕組みによって多数の出資者を募《つの》れるので、リスクを分散できたことだ。保険や積荷の分散と合わせ、何重にもリスク分散が行われていた。そして、危険な航海に挑戦した。

さらに、ヴェネツィアやジェノバでは、「ソキエタス・マリス」という仕組みが作られた。これは、コンメンダと類似の組織だが、借主も出資する「双方的出資」であった。そのため、一種の会社財産が生じた。また、借主も出資するため、借主が「業主」の地位に立ち、組織に対して強い影響力を持つことが可能となった。

これらは、工学技術というよりは、「文系技術」だ。大航海時代にフロンティアを広げる直接の原動力になったのは、遠洋航海技術の進歩である。しかし、以上で述べたような文系技術も、工学技術に劣らず重要な役割を果たしたのだ。

大航海は世界の何を変えたか

マゼラン海峡は、実際には商業用目的に使われることはなかった（注）。ヨーロッパからアジアに向かうには、あまりに遠回りだったからである。しかし、リスクに挑んで新しいフロンティアを拓いたことが重要なのだ。

「大航海」とは、イスラムの領土を通らずに東方貿易を行う方法の探索だった。この発見以降、それまでイタリアの都市国家によって独占されていた東方貿易にスペインとポルトガルが参入し、思いもかけずに「発見」した新大陸によって、ヨーロッパが世界を制覇する時代が訪れることになった。

新しいフロンティアの開拓が、ヨーロッパの人々の考え方を根底から変えた。それが、17世紀の始めにイギリス、オランダの東インド会社を生み出し、産業革命につながった。そして、ヨーロッパの大拡張が起こった。

（注）ただし、19世紀にカリフォルニアでゴールドラッシュが起きた時、アメリカ東海岸からカリフォルニアに達するために、マゼラン海峡のさらに南にあるホーン岬を回航する航路が用いられた。

人類史上最も偉大な瞬間

以上で述べたように、大航海時代のパイオニアたちは、経済的利益を求めて行動した。そして、それがヨーロッパにとって、新しいフロンティアの発見につながった。

これについて、つぎの2点を注記しておこう。

第1に、新しい技術の開発やその応用が利益追求行為として行われることに対しては、批判的な意見がある。こうした事業は、国家が公共的な観点から行わなければならないとする意見だ。そうした意見は、いまの日本でも強い。しかし、国家がそうした事業にかかわった時に何が起こるか？　それを明確に示しているのが、次節で述べる明《みん》帝国の大航海である。

第2に、コロンブスやマゼランが追求したのは、経済的利益といっても、株式を買って受動的に得られる値上がり益のようなものではない。

ツヴァイクの『マゼラン』が伝えるのは、存在するかどうかまったくわからない海峡を発見しようとするマゼランの熱意だ。これは、いまから見れば狂気としか言えないようなものだが、われわれに強い感動を与える。

新しい太洋に出た時、マゼランの艦隊は、死のような静寂の中で祝砲を轟《とどろ》かせて、未知の大海に挨拶を送った。それは人類の歴史の中で、最も偉大な瞬間だったと私は思う。

あと1年で、マゼランのスペイン出航から500年になる。そしていま、その時と同じような変化が生じようとしている。

と言われるかもしれない。

2　官僚帝国だった中国の末路

ヨーロッパに先んじていた明帝国

「地理的なフロンティアが広がったといっても、それはヨーロッパ世界から見たことだ」と言われるかもしれない。

しかし、中国もフロンティアを開拓できる技術を持っていたのである。実際、ヨーロッパの大航海に先立つ15世紀初頭に、明の鄭和《ていわ》が率いる船団がアフリカ大陸東岸に到達した。これが、「鄭和の大航海」（1405～33年）だ。

当時の中国の工学技術は、ヨーロッパを上回っていた。羅針盤や天体観測による遠洋航海技術と火薬は、中国で発明されたものだ。彼らは六分儀（天体の角度を測定する装置）を使って船の位置を測定しながら航海した。当時の中国は、世界最先端の技術国だったのである。そうした技術の差を反映して、鄭和の船団は、コロンブスやマゼランなどの艦隊とは比較にならぬほど、大規模で立派なものだった。

これに比べれば、コロンブスやマゼランの船はおもちゃのようだったに違いない。コロンブスの第1回航海は、3隻の帆船と約90人（120人との説も）の乗組員で行われた。最大船であるサンタ・マリア号の全長はわずか24mだった。

一方、鄭和の船団は、3万～4万人の人員と、400隻近い艦艇《かんてい》によって構成されていた。最大の船である取宝船は、9本のマストを持ち、全長が約130m、全幅が約50mもあった。生きた豚や羊を食用に積んでいたとの説もある。

太平洋を航海（漂流？）したマゼランの艦隊（といっても、この時にはわずか2隻になっていた）では、食料が底をつき、船底のネズミも食べつくし、ついにはマストのロープまで食べたのだ。何たる違いだろう！

鄭和の大航海は、1405年に明の第3代皇帝である永楽帝の命によって第1次航海が行われ、船団は、セイロンやカリカットに達した。

その後、数次の航海が行われ、到達地はペルシャ湾口のホルムズからモルディブ諸島、さらには紅海の入り口のアデンへと延びた。第6次と第7次には、アフリカ東海岸のモガディシオやザンジバルにまで達した。

中国がフロンティア拡大を行わなかった理由

しかし、中国はこれほどの遠洋航海技術を持ちながら、それをフロンティアの拡大には使わなかった。

使う必然性がなかったのである。なぜなら、中国はすでに大帝国であり、領土の拡大を必要としていなかったからだ。

中国の歴代王朝の君主は、周辺国の首長に国王の称号を授与していた。周辺国は中国に使節を派遣して貢物《こうもつ》を献上し（朝貢《ちょうこう》）、返礼の品を受け取っていた。こうした体制は「冊《さく》封《ほう》」と呼ばれる。

鄭和の航海の目的は、朝貢関係の樹立と明帝国の威光示威《いこうじい》だった。その船団は、明帝国の威光を世界に知らしめて進貢国を増やすための使節団だった。だから、中国は、太平洋を横断できる技術を持っていたにもかかわらず、それを行わず、ほぼ沿岸航海しか行わなかったのである。

500年の大停滞へ

大帝国は官僚機構によって運営される。したがって、大航海も国家の事業であり、リスクへの挑戦を目的としたものではない。

鄭和も、皇帝の命を受けた官僚として、職務を実行しただけである。個人的な経済的利益を求めて冒険を行ったわけではない。航海のための資金集めなどもしなかった。

この点で、鄭和はコロンブスやマゼランなどの冒険的起業家とはまったく違う人種だった。中国には、コロンブスやマゼランのような人物が現れる社会的な基盤がなかったのである。もちろんリスク分散のための文系技術もなかった。

永楽帝が1424年に亡くなり、子の洪熙《こうき》帝や孫の宣徳《せんとく》帝の時代になると、内政重視の政策がとられるようになり、31~33年の第7次が最後の大航海になった。明は造船や貿易に消極的になり、1525年には外洋船を取り壊す命令が出された。こうして、永楽帝と鄭和が行った大航海は継続せず、一時的な事業に終わってしまった。

その後の明は、鎖国政策に転換する。明を継いだ清も、中華思想に凝り固まり、実質的な鎖国政策を継続した。

こうして中国は、高い技術水準を持ちながら、歴史の動きから大きく立ち後れることになった。ヨーロッパが地球規模で膨張していったのに対して、中国は500年の大停滞に陥ったのだ。

技術的に優越していた中国がその後の世界をリードできなかったのは、社会体制の違いによると考えざるを得ない。もし、太平洋の彼方に何があるかを探るためのインセンティブを当時の中国人が持てる社会体制であったら、コロンブスに先立って、中国がアメリカ大陸を発見していただろう。そして、世界の歴史は大きく変わっていたに違いない。

3　イギリスは、なぜスペインを追い抜けたか

覇権国はイギリスやオランダに交代した

ポルトガルとスペインは大航海によって世界の先頭に立った。しかし、覇権国はその後、イギリスやオランダに交代した。なぜ覇権国が交代したのだろうか？

それを説明するいくつもの説があるが、私が最も納得できる考えは、ピーター・L・バーンスタインの『ゴールド――金と人間の文明史』（鈴木主税訳、日本経済新聞社、２００１年）や、グレン・ハバードとティム・ケインの『なぜ大国は衰退するのか――古代ローマから現代まで』（久保恵美子訳、日本経済新聞出版社、２０１４年）に示されている。

これらによれば、大航海時代を先導したスペインは、新天地を略奪するだけで、新しい産業を築けなかった。次項に見るように世界最大の銀鉱脈を新大陸に見出したにもかかわらず、それを近代的な科学・技術の発展や生産性の向上に結びつけられなかったのだ。

東インド会社を設立して通商を産業革命へと結びつけることができたのは、イギリスとオランダであった。東インド会社をさらに発展させた株式会社が、リスクマネー（ハイリスクハイリターンの事業に投資される資金）調達のために重要な役割を果たした。

「太陽の沈まぬ国」では、経済成長が実現しなかった

1545年、スペイン統治下にあったペルー北部の山奥（現在はボリビア）に世界最大級の銀山が発見された。スペイン人は、この山奥にポトシという町を作り、インディオを強制労働させて銀を採掘した。最盛期の1650年には、ポトシの人口は16万人にもなった。

ここで採掘された銀は、精製され、銀貨にされた。16世紀から17世紀半ばまでの160年間で、ヨーロッパの銀保有量の3倍に匹敵する銀が、スペインに運ばれたと推定される。そして、スペインに搬入された銀の5分の1は、スペイン王の取り分となった。スペインは、文字どおり「宝の山」を発見したわけだ。

フェリペ2世の治世である1556〜98年は、スペインの国力がピークに達した時代だった。フェリペ2世は、68年にオランダ独立戦争が始まると、そこに軍隊を派遣して弾圧を加えた。さらにオスマン帝国を71年のレパントの海戦で破り、地中海の覇権を握った。

こうして、ヨーロッパ、新大陸、アジア（フィリピン）にまたがる大帝国が建設された。それは「太陽の沈まぬ国」と形容された。この言葉は、大英帝国を形容するとされることが多いのだが、最初に使われたのはスペインに対してである。

しかし、スペインでは、経済成長が実現しなかった。この背景には、16世紀スペインの独特の事情があった。バーンスタイン『ゴールド』によれば、銀が大量に溢《あふ》れ始めると、スペイン人はあっという間に浪費することを覚え、同時に生産意欲を失ってしまった。

もう1つの重要な原因は、スペイン王フェリペ2世が、増大した銀の力によって、カトリックとプロテスタントの激しい対立にようやく終止符が打てると過信したことだ。新大陸で発見された莫大な富は、プロテスタント女王エリザベスを滅ぼすための神の配慮だと、彼の眼には映ったに違いない。

フェリペ2世は、イングランドを征服するため、無敵艦隊の建造に着手した。これは、大型軍艦127隻と数百隻の輸送船からなる、史上空前の大艦隊である。あまりに巨大な艦隊であったため、その建造のための木材伐採で、スペイン中の山が禿《は》げてしまったほどだ。

海賊ビジネスに出資したイングランド王室

この時にイングランドが何をやっていたかと言えば、正真正銘の海賊行為を国の事業としてやっていた。スペイン本国に銀を運ぶ輸送船を、イングランドの海賊が襲ったのだ。ペルー（ボリビア）で採掘された銀は、パナマまで船で運ばれ、ラバに背負われてパナマ地峡を越える。そして、カリブ海の港からスペインに輸送される。それをヘンリー8世の時代からの大物奴隷《どれい》商人ジョン・ホーキンズが襲った。

カリブ海に侵入するイングランドの海賊は、あとを絶たなかった。その中で有名なのが、ホーキンズの船団の一員だったフランシス・ドレイクだ。1577年にプリマスを出帆し、マゼラン海峡から太平洋に抜けて、交易や海賊行為を行った。これには、宮廷の重臣たちが出資していた。女王自身も秘密裏に出資していた。

マゼランの艦隊は胡椒《こしょう》を持ち帰っただけだったが、ドレイクは60万ポンドの財宝を持ち帰った。当時のイングランド王室の年収は20万ポンド程度だったから、いかに巨額かがわかる。出資者は4700％の収益を得たが、そのうちの1人であるエリザベス女王は30万ポンドを得た。

イングランド王室は負債をすべて返済し、残りの一部である4・2万ポンドを「レヴァント会社」に投資した。これは、オスマン帝国から商業活動を認められたエリザベス女王が、イギリス商人に特許状を与えて81年に作った会社である。

この会社の収益から、のちに東インド会社が設立された。大英帝国の基礎は、「海賊ビジネスモデル」によって作られたのだ。経済学者J・M・ケインズが『貨幣論』(*A Treatise on Money*)の中で言うように、ドレイクの捕獲金がイギリス対外投資の源泉となったのである。

アルマダ・インヴィンシブルの敗北

ドレイクが持ち帰った60万ポンドの大部分は、スペイン船から略奪したものだった。このため、スペイン王フェリペ2世の意を受けた大使からイングランドに、激しい抗議と財宝の返還要求があった。1585年からは、スペインとイングランドとの間で、宣戦布告のない断続的な紛争が始まった(英西戦争)。

そして88年、130隻の艦船からなる史上最強の艦隊アルマダ・インヴィンシブル（無敵艦隊）が、イングランド征服のためにリスボン（ポルトガルはスペインに併合されていた）を出港した。

5月（旧暦4月）、イングランド沖にスペイン艦隊がその壮大な姿を現した。イングランドの人々はこれを見て、「これまで公海上で目にした艦隊で最大のもの」と驚嘆した。フェリペ2世は、イングランド艦隊を小規模なものと予測していたので、イングランド征服は簡単だと思っていた。ところが、イングランドの国民は、カソリックも含めて団結していた。海軍力も、フェリペ2世の予想を上回っていた。アルマダ・インヴィンシブルは、イングランド艦隊によって撃破された。

スペイン艦隊は、敗走の途中、イギリス北方で嵐に見舞われ、65隻もの艦船が遭難した。スペインに帰還できたのはわずか54隻という、惨憺《さんたん》たる状況だった。これは、「世界海戦史上最も悲惨な敗北の1つ」と言われる。

無敵艦隊アルマダの屈辱的敗北は、スペイン衰退の始まりとなった。エリザベスは、大勝利を記念して賞牌《しょうはい》を作り、つぎのように刻ませた。「神、風を与え賜《たま》いて、彼ら四散せり」。

「自由な海洋国家」というビジネスモデル

その後、イングランドを母体として形成された大英帝国は、19世紀に世界最大の海洋帝国になった。デイヴィッド・アーミテイジ『帝国の誕生――ブリテン帝国のイデオロギー的起源』（平田雅博ほか訳、日本経済評論社、2005年）は、これはローマのような「領域帝国」や、神聖ローマ帝国のような「陸上帝国」、そして新大陸に植民地を作ったスペインとは異なる国家モデルだとする。

海洋の支配権を巡っては、2つの対立する思想が古くからあった。アーミテイジは、これらを「閉鎖海洋論」と「自由海洋論」と呼んでいる。海洋にも陸と同じような領有があるという思想が前者であり、それを否定するのが後者だ。

ポルトガルは海洋国家ではあったが、その根本にあった思想は閉鎖海洋論だ。スペインもそうだ。そのため、イングランドの旗を掲げた船がスペインの植民地の港で貿易することを禁止したのだ。

これに挑戦したのが、ホーキンズやドレイクだった。自由海洋論からすれば、スペインの態度のほうが不当なのであり、ホーキンズやドレイクの行為は擁護《ようご》される。

自由海洋国家であるイングランドは、ローマ帝国のように膨張と軍事独裁によって崩壊することはなかった。また、圧政、人口減少、貧困化によって衰退したスペインのようにもならなかった。

スペインが新大陸の富を浪費したのに対して、「海賊ビジネスモデル」と起業家精神を持つイングランドは、自由海洋国家を築き、そして近代資本主義に向かう道を歩んだのである。これは、歴史上最も成功した「国家のビジネスモデル」であった。

もちろん、公海だからといって、海賊行為が許されるということにはならない。国際的に取り決められたルールがないとしても、最低限のルールというのはあるはずだ。実際、エリザベスのイングランドも、海賊行為を公的に認めたわけではない。

大航海時代以後にヨーロッパが世界拡張をしてゆく過程での問題は、海賊行為には限らない。奴隷貿易、アメリカ大陸における先住民の虐殺《ぎゃくさつ》など、暗い歴史は、むしろそのあとに続く。歴史のこうした側面についての批判的検討は、これからもさらに行われるべきであろう。

ただし、それと並んで、彼らの起業家精神が、結果として人類のフロンティアを押し広げ、新しい可能性を拓いてきたこともまた認めざるを得ない事実である。われわれは、歴史のその側面をポジティブに評価する努力も怠《おこた》ってはならない。

株式会社が発明された

ヨーロッパが世界的に拡張してゆく過程で求められたのが、リスク分散の仕組みである。当時のヨーロッパから見た新たなフロンティアであったアジアとの貿易を行う上で、大航海時代と同様、大きなリスクから出資者を守る必要があった。そこで、非常に多数の出資者を募り、リスクを分け合う術が必要とされた。

こうした要請に応えるべく、中世のイタリアで生まれたソキエタス・マリスを発展させて作られたのが、「株式会社」だ。

1600年に設立されたイギリス東インド会社は、1航海ごとに清算し解散する当座企業だった。02年には、オランダ東インド会社が初の永続企業として設立された。これによって、全社員の有限責任制が実現した。

フランスやドイツなどにも、永続的な株式会社形態による東インド会社が設立された。こうしたリスク分散の仕組みによって、多くの挑戦者がフロンティアの開拓に挑めるようになり、ヨーロッパの世界支配が可能になったのだ。

繰り返しになるが、ヨーロッパの世界支配は、アメリカ大陸先住民の虐殺やアフリカの奴隷狩りを伴うものであり、非ヨーロッパ人であるわれわれから見れば、もちろん手放しで賞賛できるものではない。ただし、「ヨーロッパ人がリスクをコントロールできる技術を持っていたから、こうしたことが可能だった」というのは、歴史的事実である。

4 日本は世界から国を閉じた

大航海時代の日本は

ヨーロッパが大航海を行った頃の日本は、戦国時代だった。歴史年表を見ると、つぎのとおりだ。

1467年　応仁の乱（足利幕府勢力の内乱）
1477年　応仁の乱が終結
1549年　フランシスコ・ザビエルによりキリスト教伝来
1553年　川中島の戦い（第1次）

1600年　関ヶ原の戦い

日本でも、大航海時代とほぼ同時期に、倭寇《わこう》や八幡船《ばはんせん》などの形で「外に開かれた部分」が現われた。しかし、彼らは「あぶれ者」として切り捨てられてしまった。日本も外洋航海の技術を持っていたが、国家全体としてはフロンティア拡大の試みを行わなかったのだ。

このあと、日本は鎖国の眠りに入っていく。

国外に出た人を切り捨てた日本

当時の日本に、外国での活動を行おうとする動きがなかったわけではない。シャム（現在のタイ）のアユチヤ（アユタヤ）、カンボジアのウドン、フィリピンのマニラなどに、日本人町ができていた。マニラの日本人町は、1620年頃には人口が3000人にもなった。また、マカオ、マラッカ、バタビアなど、日本人町がないところにも日本人が進出していた。

山田長政《ながまさ》は、江戸時代前期にシャムの日本人町を中心に東南アジアで活躍した。12年に朱印船で長崎から台湾を経てシャムに渡ったのちに、津田又左右衛門筆頭の日本人傭兵隊に加わり、頭角を現しアユタヤ郊外の日本人町の頭領となった。

しかし、このように外に出た日本人に対して、日本の国家は後援せず、むしろ抑圧に努めた。そして、36年には本国との交通を絶ってしまったのだ。

なぜこうしたことになったか？　1950年に書かれた和辻哲郎の『鎖国——日本の悲劇』（岩波文庫）によれば、為政者《いせいしゃ》の眼中にあったのが、「日本民族の運命でもなければ、未知の世界の開明や世界的視圏の獲得でもなかった」からだ。

秀吉も家康も、鎖国を考えていたわけではなかった。彼らはキリスト教だけを拒否したいと考えた。キリスト教を禁じたのは、民衆の中から湧き上がってきていた新しい力を押さえつけるためだ。しかし、ヨーロッパ文明を摂取しつつ、それを行うのは不可能だ。

秀吉も家康も、国内の支配権を確保するため、国際関係を犠牲にして顧《かえり》みなかった軍人だったと和辻は言う。

後れはしたが、産業革命には対応できた

日本の社会は、鎖国はしたものの、国内の経済は江戸時代に発展した。とくに、商業の発展が著《いちじる》しかった。また、庶民レベルにいたるまで、教育の水準はかなり高かった。

こうしたことから、産業革命がもたらした近代産業社会に対応する社会的な基盤は、江戸時代に準備されていたと考えることができる。

実際、1868年に明治政府が発足して以降は、急速に西洋文明を取り入れ、産業社会に移行した。そして、日清戦争、日露戦争を経て国際社会での地位を高め、20世紀には世界の主要国の1つになるまでに急成長した。

つまり、産業革命後の変化に対して、日本は、後れはしたものの、キャッチアップに成功したと言うことができる。そして第2次大戦期の世界においては、西ドイツと並んで世界の工業国として重要な地位を占めるようになった。

問題は、日本の対応がこの段階で終わってしまったことである。この問題については、第8章で詳しく述べることとしよう。

日本人の内向き志向は強まっている

前述の和辻の著書が発表されたのは、終戦後まもない時点であった。したがって、「国民は正しかったが、支配者・指導者が間違っていた」という類《たぐい》の主張は受け入れられやすかったに違いない。また、日本の歴史に和辻が指摘するような側面があったことは否定できない。

しかし、単に「指導者が間違っていた」というだけですむ問題だけではないと思う。国民の多くが引きこもり志向を持ち、国の外に積極的にフロンティアを求めていかないということもまた、認めざるを得ないことであろう。そして、このような傾向は、時代が経つにつれて、弱まるのではなく、むしろ強まっているのではないだろうか？

私の世代では、企業の海外駐在員として外国に長く滞在し、その結果外国に住みついた人がいる。あるいは、本人は帰国したが子供たちが外国に残り、永住するにいたったケースがかなりある。しかし、このようなケースを、最近ではあまり聞かない。

この点は韓国との大きな違いである。韓国では、1980年代末のアジア通貨危機で国内の経済が大きく落ち込んだことを契機として、活動の場を海外に求める若者が増えた。現在の国際社会では、韓国出身者の活躍が目立つ。この事実は、もっと深刻にとらえるべきであろう。

第2章 産業革命は何を変えたのか

1　産業革命で経済モデルが大きく変わった

飛躍的に拡大したフロンティア

産業革命とは、18世紀半ばから起こった産業の変革だ。18世紀初めに、トーマス・ニューコメンが蒸気機関を、ジョン・ケイが飛び梭《ひ》を発明し、ダービー父子がコークス製鉄法を編み出したことが始まりとされる。1760年代に、ジェームズ・ハーグリーヴズやリチャード・アークライトが紡績機を発明し、ジェームズ・ワットが蒸気機関の改良に成功したことで、この変革が加速された。

機械を用いること自体は、それまでも行われてきた。ただし、それらの多くは、牛や馬などによって、あるいは人力によって動かされていた。例外的に、水車や風車によって水力や風力が用いられただけである。

したがって、機械の能力には限度があった。レオナルド・ダ・ヴィンチがさまざまな機械を発案したにもかかわらず、実用的なものにならなかったのは、それらを駆動する動力がなかったからだ。

だが、産業革命によって、蒸気機関が登場し、これによって機械の能力が飛躍的に上昇した。さらに、蒸気機関より小型で軽量な内燃機関が発明されると、機械の利用は飛躍的に進んだ。

産業革命は、組織の構造や人間の働き方を大きく変えていった。それまでは個人事業や家内工業が経済活動の中心だったが、大規模な工場制工業が可能になった。18世紀後半に世界で最初に工場制工業を導入したイギリスは、その後「世界の工場」と呼ばれるようになった。企業は大組織となり、そこに雇われて働く組織人としての働き方が中心になっていった。

また、交通機関が大きな進歩を遂げた。1820年代にジョージ・スティヴンソンによって蒸気機関車が実用化され、鉄道が急速に普及した。1760年代にはまだ馬車が重要な交通手段だったが、それが蒸気機関車になったのだ。これがどんなに大きな変化だったか、現代の人間には想像することが難しい。

当たり前のことだが、人間の歴史が始まってからこの時代まで、馬よりも速い乗り物はなかった。ピーター・L・バーンスタインは、『ゴールド』の中で、マンチェスターからリバプールまでの32マイルをわずか90分で走ったこと、ある乗客が「舌をだし、10本の指を立てて笑っていたこと」等々、蒸気機関車に初めて乗った当時の人たちの新鮮な驚きを紹介している。

鉄道の発達によって、人類の活動範囲は飛躍的に拡大した。自動車、飛行機が発明されると、フロンティアはさらに広がった。そして、これらの交通手段を支えるために、鉄鋼・石油産業が発展し、これが19～20世紀の主要産業になった。

アメリカやドイツで垂直統合が進展した

産業革命以降、製造業を中心として、「垂直統合化」と呼ばれる動きが進んだ。これは、設計から始まり、部品の製造、組立、さらに販売にいたるさまざまな業務を、1つの企業内に垂直的に統合し、これによって生産プロセスを統一的にコントロールしようとする動きだ。

これは、イギリスというよりは、アメリカやドイツで進展した。垂直統合化を進めた最初の例として挙げられるのが、大陸横断鉄道だ。

さらに製鉄会社が垂直統合化を進めた。あとで述べるカーネギー鉄鋼会社は、製鉄工場のみならず、鉄鉱石の鉱山、炭鉱、そして鉄鉱石や石炭を輸送する鉄道にいたるすべてを、

１つの会社の中に取り込んだ。

石油会社も、垂直統合化を進めた企業の典型例だ。巨大な石油会社が登場し、油田の探査、採掘、掘削、採油、原油の輸送、精製というすべての過程が、１つの大企業の内部で行われるようになった。ガソリンスタンドなどの流通も、石油会社の系列になった。

１９２０年代のアメリカでは、自動車会社の垂直統合化が進んだ。部品の生産のみならず、タイヤや窓ガラスの生産も会社の中に取り込んだ。

垂直統合すれば、原材料や部品を安定的に確保できるため、製品の品質を高く維持できるとされる。また、市場を独占または寡占《かせん》することにより、高い利益を上げられるのだ。

産業革命によって始まったビジネスモデルは、ついこの間まで続いた。そして、そこでは大規模化し、組織化し、効率化することが、ビジネスモデルの課題として追求されたのである。

2　アメリカ「金ぴか時代」の大金持ちたち

大金持ちの出現には山がある

産業革命が作り出した新しい産業の発達によって、19世紀末から20世紀初めにかけて、アメリカで何人もの大金持ちが輩出した。彼らは、アメリカンドリームの実現者だ。クリスティア・フリーランド『グローバル・スーパーリッチ——超格差の時代』（中島由華訳、早川書房、２０１３年）では、彼らが出現した時代を、「第１次金ぴか時代」と呼んでいる（「金ぴか時代」＝Gilded Ageとは、マーク・トウェインの小説の題名）。

１９９６年に出版された*The Wealthy 100*という本は、所有者が死亡した当時のＧＮＰ（国民総生産）との比較で、資産価値を評価している。

それによると、アメリカ史上最高の富者は、スタンダード・オイルの創始者、ジョン・Ｄ・ロックフェラー（１８３９〜１９３７年）である。資産額は14億ドルで、当時のＧＮＰの65分の１だ。第２位は、鉄道王のコーネリアス・ヴァンダービルト（１７９４〜１８７７年）。資産額は１億ドルである。なお、このリストでは、95年当時のビル・ゲイツは資産額1500万ドルで、31位とされている。

大金持ちの出現は、時間的に平均しているのでなく、山がある。これは、産業構造の大きな変化に対応している。第1次金ぴか時代は、鉄道や鉄鋼などの重工業がアメリカで急速に発達した時代なのだ。

その後、大金持ちがあまり出現しない時代が続く。ビル・ゲイツが現われるのは、ほぼ100年後の20世紀の終わりだ。

鉄道王ヴァンダービルト

産業革命によって社会がどう変わったかを具体的に知るには、彼らがどのような事業を興《おこ》したかを見るのが一番よい。

とくにアメリカは国土が広大なので、鉄道が大変重要な意味を持った。そして、鉄道建設事業から鉄道王が生まれた。コーネリアス・ヴァンダービルトは、蒸気船と鉄道の経営で財閥を築いた人物だ。アメリカ史上で最も裕福な1人と言われる。

11歳で学業から離れ、父親が運営するニューヨーク港のフェリーで働き始めた。16歳の時、スタテン島とマンハッタン島の間を航行するフェリー業を自分で始め、のちにハドソン川（マンハッタン島の西を流れる川）一帯の水上輸送を支配することになった。蒸気船事業を拡大し、米英戦争（１８１２～15年の第2次独立戦争）の時は、政府の御用商人となった。

アメリカ北東部のニューイングランドには、１８３０年代に多くの繊維工場ができた。ニューヨークへの蒸気船と接続するために、ボストンからロングアイランド（マンハッタン島の東にある島）までの鉄道が建設された。30年代の後期には、ヴァンダービルトはロングアイランドでの蒸気船事業をも支配しており、鉄道との接続ビジネスに進出していた。

カリフォルニア・ゴールドラッシュが起こった50年には、ニカラグア地峡を横断してカリフォルニアにいたる船舶路線を開設し、巨額の利益を得た。そして、55年にはアメリカとフランスを結ぶ大西洋航路に進出した。

62年から、ニューヨーク・ハーレム鉄道に出資を始めた。鉄道会社間の競争を利用して、67年にはニューヨーク・セントラル鉄道を支配下に収め、社長に就任した。関連路線を次々と買収して、五大湖地域にいたる幹線鉄道網を建設した。

「ビッグ・フォー」と呼ばれた鉄道王

「ビッグ・フォー」と呼ばれるカリフォルニアの鉄道王も有名だ。彼らは、セントラル・

パシフィック鉄道の創設者で、1869年にカリフォルニアとアメリカ東部を結ぶ大陸横断鉄道のユタ州までの部分を完成させた。さまざまなビジネスを展開し、巨万の富を築き上げた。

リーランド・スタンフォード（1824〜93年）は、ウィスコンシンで弁護士を開業したあと、32歳の時にカリフォルニア州サクラメントに移住した。ゴールドラッシュでカリフォルニアにやってきた金採掘者を相手に、鉱山用品や雑貨などの小売業を行って成功した。61年には、同州の知事に選出され、のちにスタンフォード大学を創立した。

チャールズ・クロッカー（1822〜88年）は、ニューヨーク州トロイの生まれ。9歳の時には、果物の販売や新聞配達をしていた。小学校しか行かなかったが、「自分にできないことは何もない」と自負していた。49年、27歳の時にゴールドラッシュに惹《ひ》かれ、陸路でカリフォルニアを目指した。

コネチカット生まれのコーリス・ポッター・ハンティントン（1821〜1900年）も子供の頃から働いており、学校に行けたのは、毎年冬の4ヶ月だけだった。店員をやっていた頃、すべての商品の卸値と小売値を暗記できた。そして、儲けを暗算で計算して店主を驚かせた。「どんな時でも、何もやっていない時はなかった」という。サザン・パシフィック鉄道の建設にもかかわることになり、サザン・パシフィック鉄道の総裁を務めた。

マーク・ホプキンス（1813〜78年）はニューヨーク市で書店を経営していたが、35歳の時にゴールドラッシュのことを聞いて、ホーン岬経由でカリフォルニアにやってきた。

ビッグ・フォーの4人も、*The Wealthy 100* のリストに入っている。ハンティントンが26位（資産額5000万ドル）、ホプキンスが32位（同2000万ドル）、スタンフォードが34位（同3000万ドル）、クロッカーが42位（同2000万ドル）だ。

ところで、ゴールドラッシュの頃、カリフォルニアから東海岸まで駅馬車で到達するにはひと月を要した。ただし、それは馬車便の所要時間の合計であって、1人の乗客が乗り続けてひと月で到達できるという意味ではない。西海岸から東海岸までの旅行は、普通は6ヶ月ほどを要したのである。

それが鉄道によって、わずか6日間に短縮された。しかも、旅行は遥かに快適なものとなった。荒地を走る駅馬車では眠ることもできなかっただろうが、列車には寝台車もある。時間だけではない。それまで1100ドルかかった費用が、わずか70ドルになったのだ。

現代の人間には、大陸横断鉄道がもたらした感激を理解することは、到底できない。

鉄鋼王カーネギー

アンドリュー・カーネギー（1835〜1919年）は鉄鋼王だ。スコットランドで生まれ、1848年に両親とともにアメリカに移住した。最初は、工場で作業員として働いていた。その後、電信会社でメッセンジャー・ボーイなどをして働き、昇進した。

53年、カーネギーの能力を見抜いたペンシルバニア鉄道の鉄道官トマス・アレクサンダー・スコットが、カーネギーを秘書兼電信技手として引き抜いた。59年にスコットがペンシルバニア鉄道の副社長になると、カーネギーはピッツバーグ地区の監督に抜擢《ばってき》された。最初の資産は、鉄道への投資で築いた。借金をして寝台車のための会社に出資し、成功を収めたのだ。そして、得た資金を鉄道や鉄鋼関連の会社に再投資していった。こうして資金を蓄え、のちの事業の基礎を築いた。70年代にピッツバーグでカーネギー鉄鋼会社を創業。この事業は大成功し、ほかの製鉄工場を買収していった。

彼は、2つの重要な技術革新を行った。第1は、溶けた銑鉄から鋼を大量生産するベッセマー法という製鋼技術をイギリスから導入したことだ。そのための最新式の製鉄工場エドガー・トムソン工場を、75年にピッツバーグに完成させた。これによって、鋼《はがね》を安価に大量生産できるようになり、橋、建築用桁や梁《はり》、鉄道レールなどに鋼が使えるようになった。

第2は、鉄鋼生産において垂直統合方式を確立したことだ。鉄鋼業は、高炉による銑鉄の生産、転炉や平炉による粗鋼の生産、そして圧延機による圧延鋼材の生産という3工程からなるが、これらを同一工場内で行うのだ。さらに鉱山や輸送の事業も手掛けた。これが、20世紀の鉄鋼生産の基本方式になった。

90年代には、カーネギー鉄鋼会社が世界最大で最高収益の会社となった。99年にはアメリカ鉄鋼生産の4分1を同社が占めた。だが、当時のアメリカ金融業界の最重要人物である銀行家J・P・モルガンは、鉄鋼会社を統合することで、さらにコストを削減して製品価格を下げることができると考えていた。このため、1901年の鉄鋼大合同によってUSスチールが設立され、66歳になっていたカーネギーは、カーネギー鉄鋼会社をモルガンに売却して引退した。

彼の墓碑銘には、「自分より賢い人々を周囲に集める術を知っていた1人の人間が、ここに横たわる」と刻まれている。

石油王ロックフェラー

ジョン・D・ロックフェラーはスタンダード・オイルを創業した人物だ。同社は石油市場を独占し、アメリカで最初のトラスト（同一業種の企業が同一の資本のもとで合同する経営形態）を結成した。ロックフェラー家の人々はいまにいたるまで大富豪だが、それは、創始者ジョン・ロックフェラーの教えが、子孫にまで伝えられているからだ。

彼自身は、ニューヨーク州リッチフォードの貧しい行商人の子だった。6歳で小さな会社に帳簿係として就職し、その後も一店員だった。16歳の時、農産物仲買商の会計係の職を得た。1859年に独立し、種々の事業に投資して、資金を貯めていった。

63年には、クリーブランドの工業地域に建設される製油所に投資した。この当時は、石油産業の揺籃《ようらん》期だった。それまでの燃料は鯨油《げいゆ》だったが、大量に使用するには高価なので、より安価な燃料が求められていたのである。59年から70年代初頭に北西ペンシルベニアで石油鉱脈が発見され、アメリカにおける最初の石油ブームが始まった。ロックフェラーは、このブームの将来性に賭けたのだ。

南北戦争後、アメリカ西部の開発が進む中で、ロックフェラーは多額の借金をしながら、利益を再投資していった。南北戦争が終わった頃、クリーブランドはアメリカの石油精製拠点の1つになっていた。そしてロックフェラーは、70年、31歳の時、スタンダード・オイル（オハイオ）を創業した。

スタンダード・オイルは競合する製油所を買収しながら、拡大していった。鉄道会社と特別輸送契約を締結し、割引運賃によって他社を駆逐した。こうして78年までに、全米石油精製業の9割近くを支配するにいたった。82年には、中核企業のスタンダード・オイル・トラストが傘下企業を支配する体制が確立し、10万人以上の従業員を擁《よう》する巨大企業となった。

19世紀の石油需要は主として照明用の灯油だったが、20世紀になってから自動車用のガソリン需要が急速に伸びたため、事業はさらに拡大した。スタンダード・オイルは、探査、採掘から精製、流通にいたるすべてを自社内で行った。輸送のために、鉄道に頼らず、自前のパイプライン、タンク車、宅配網を持った。

しかし、市場独占に対する社会的批判が強まり、1911年に反トラスト法（シャーマン法）によって連邦最高裁から分割命令が出され、スタンダード・オイルは34社に分割された。現在存在する石油会社であるコノコフィリップス、BP（ブリティッシュ・ペトロリアム）、エクソンモービル、シェブロン、ペンゾイルなどは、すべてスタンダード・オイルから生まれた会社だ。

自動車王フォード

ヘンリー・フォード（１８６３〜１９４７年）は、フォード・モーターの創設者。ライン生産方式による自動車の大量生産を始めた。アメリカの中流家庭が購入できる最初の自動車T型フォードを開発・生産し、交通に革命をもたらした。「自動車の父」とか、「大量生産の父」と呼ばれる。

ミシガン州で農場経営者を父として生まれた。１８７９年に高校を中退し、デトロイトで機械工となる。91年にエジソン電気会社の主任技師となった。そこで内燃機関の実験に時間を使うことができるようになり、96年に第1号車の製作に成功した。

１９０３年にフォード・モーター・カンパニーを設立。当時の自動車は、ごく一部の富裕層しか買うことができないものだったが、08年に発表されたT型フォードは、低価格であり、一般人が買うことができる最初の自動車となった。

しかも、その後も年々価格を下げていった。低価格を実現できたのは、大量生産方式を採用したからだ。13年にはベルトコンベアによるライン生産方式を導入し、生産能力を大幅に強化した。

大々的な広告やフランチャイズ方式の販売を行った成果もあり、売り上げは急増。数年間は、毎年倍増という伸びを示した。14年には、労使共栄の理念を打ち出し、賃金を当時の平均賃金の倍にし、1日8時間週6日の労働時間を導入した。

24年には、市場占有率が50%を超える絶頂期を迎えた。「それまでアメリカの町を走っていた馬車が消えていった」と言われた。

17年に建設が始まったデトロイトのリバー・ルージュ工場は、28年の完成時点では、世界最大の自動車工場だった。鉄、ガラス、ゴムなどの生産まで工場内で行う究極の垂直統合型工場で、最盛期には12万人の従業員が働いた。

工場内に高炉があり、「鉄鉱石の搬入から28時間後にT型フォードができる」と言われた。エンジン、シャシー、ボディー、そしてすべての部品とガラスなどの素材を内製した。人工の滝で水力発電がなされ、鉱山業、鉱石運搬業も行った。タイヤ用ゴムの自社生産のため、ブラジルやコスタリカにゴム農園を作ることまでした。

技術革新と新しいビジネスモデル

これらの人々に共通しているのは、新しい事業を始め、それを成長させたことだ。この時代には、新しいビジネスを可能とする技術的な大革新があった。時代が大きく変わる時には、こうしたビジネスチャンスが存在するのだ。

彼らは、それを的確につかみ、成功させるためのビジネスモデルを開発したのである。それが、カーネギーが鉄鋼生産で実現した垂直統合方式であり、フォードが自動車生産で実現した大量生産方式などである。

なお、日本でも少し遅れて、同じような産業が勃興《ぼっこう》した。ただし、それらの多くは、民間の企業ではなく、国家によって遂行された。官営八幡製鉄工場の建設、全国規模の鉄道網や電話・電信網の整備などである。

3　巨大組織の時代になった

垂直統合型巨大企業の全盛期

以上で見たように、19世紀末から20世紀にかけて、さまざまな分野で垂直統合型巨大企業が出現した。大規模な投資が必要となるため、従来のような小規模な企業では対応できなかったのである。

そして、20世紀中頃までは、垂直統合型巨大企業の全盛時代となった。そこでは競合企業を買収して巨大化し、競争相手を価格競争で蹴落として市場を支配すること、そして、できれば独占して価格を操作することが目的とされた。

垂直統合化をもたらした大規模技術は、20世紀技術の特徴である。第2次大戦後も、原子力と宇宙開発を中心に技術体系の巨大化が進んだ。こうした分野では、究極の垂直統合型経済体制である社会主義経済が、その特性を発揮して優れた成果を挙げた。

１９６０年頃までの世界でソ連が強かったのは、決して偶然ではないし、また社会主義が一般的な意味で優れた制度であったからでもない。当時の技術の性格が、そのような経

図表2-1　2017年「フォーチュン・グローバル500」の上位10社

順位	企業名	売上高（10億ドル）
1	ウォルマート	485.9
2	国家電網	315.2
3	中国石油天然気集団	267.5
4	中国石油化工集団	262.6
5	トヨタ自動車	254.7
6	フォルクスワーゲン	240.3
7	ロイヤル・ダッチ・シェル	240.0
8	バークシャー・ハサウェイ	223.6
9	アップル	215.6
10	エクソンモービル	205.0

（資料）Fortune Global 500 List 2017

済体制に適合していたためである。

世界企業ランキングを占める巨大成熟企業

以上で述べた趨勢《すうせい》が行き着いた先が、アメリカの経済誌『フォーチュン』が毎年発表している世界企業ランキング「フォーチュン・グローバル500」に見られる大企業である。

2017年のリストの上位10社は、図表2-1に示すとおりだ。製造業においては、トヨタ自動車、フォルクスワーゲンが伝統的な製造業だ。小売業においては、ウォルマートがある。中国の国有企業もこの中に入る。これらの企業の従業員数は30万を超える。ウォルマートにいたっては、従業員数が220万人だ。規模は大きいが、成熟企業であるため、成長率は低い企業が多い。

なお、企業ランキングには、ほかにも『フィナンシャル・タイムズ』の「グローバル500」や、雑誌『フォーブス』のランキングがある。これらのランキングに顔を出しているのも、「フォーチュン・グローバル500」に見られる企業と同じような「巨大な企業」である。

「組織人」の時代が到来した

組織の巨大化に伴って、企業構造も変質した。

巨大企業の株式は、特定の個人ではなく、多数の人々に分散して所有される。他方で、経営は株式をあまり所有していない専門家集団「テクノストラクチャー」によって担当されるようになる(ガルブレイス『新しい産業国家』都留重人監訳、河出書房新社、1968年)。これが、「所有と経営の分離」だ。

人々の働き方としては、創造性よりは、決められたことを効率よくこなすことが求められるようになった。巨大企業で働く人々は、「組織人」(オーガニゼーション・マン)になったのだ。

この言葉は、W・H・ホワイトが1953年の著書で使ったものだ（『組織のなかの人間――オーガニゼーション・マン』岡部慶三ほか訳、東京創元社）。彼らは、個性より仲間意識を、個人の自己表現より集団の調和を重んじ、すべてを組織のために捧げる。その代償として、組織は安定的な収入と雇用、そして社会的なステイタスを提供する。

だから、この時代には高額所得者は生まれても、飛びぬけた大金持ちは現われないのだ。

変質した株式会社に期待できるか

東インド会社は、株式会社の起源であるとされる。形式的に見れば確かにそうだ。しかし、リスク分散という観点から見ると、現代の株式会社は大航海時代の株式会社からは大きく変質してしまっている。リスク分散というより、大量の資金調達という機能が求められるようになった。

産業革命がそうした機能を求める性質を持っていたからだろう。大量生産を可能にする機械の購入には、巨額の資金が必要だ。しかし、いったん機械が導入されれば、それを用いて生産活動を行う上で、さしたるリスクはない。少なくとも、そこに大航海時代のような大きなリスクはない。

産業革命後の経済史は、機械の発明と企業大規模化の歴史である。工場制工業は企業を大規模化させた。それによって所有と経営が分離した。所有者である株主は、事業をコントロールせず、収益にしか関心がない。従業員は組織のハイラーキー（階層）を昇ることにしか興味を持たず、リスクを取ろうとはしない。

そのように変質した株式会社は、リスクを取らず、大規模化して事業を安定させることだけを目的とする。そこには、コロンブスやマゼランのような人たちはもちろん、ビジネスチャンスに聡《さと》かった「第1次金ぴか時代」の金持ちたちのような人は見当たらない。こうした株式会社に、新しい世界を切り拓く役割は期待できない。

垂直統合型企業が日本経済の中心

戦後日本の高度成長は、垂直統合型企業によって実現された。事業分野は、鉄鋼、電機、自動車、それに電力だ。それは、すでに述べたように、1960年頃までの技術体系が垂直統合型の経済活動を要求したからだ。

日本のエクセレントカンパニーとは、新しい技術や製品を導入したのでなく、従来の技術に改善を加え、効率性を向上させ、そして大規模化した企業である。日本経済全体の成長率は、こうした企業の売上高成長率によって規定されてきた。

そして、いまだに合併して企業規模を大きくする方向を目指している。確かに、規模が大きくなれば、生き残りの確率は高くなるかもしれない。しかし、それによって未来が積極的に拓かれるわけではない。

未来を切り拓く企業は、第4章以降で述べるような企業だ。そうした企業が登場し、企業価値を向上させることによってはじめて、日本経済が発展することができる。

しかし、残念なことに、そうした企業が日本には登場していない。日本経済を代表する大企業は、リスクを取らず、安定的な事業経営を目的とする「従業員の共同体」だ。

こうした状態をどうすれば打開できるかを考えるために、次章からは産業革命後に起こった大きな変化について述べていきたい。

第3章

IT革命がフロンティアを生み出した

1　通信・情報という新しいフロンティア

21世紀の「メガトレンド」

大航海は、経済活動の範囲を大きく広げた。産業革命は、鉄道（さらには、自動車、飛行機）の発明によって、移動のスピードを飛躍的に向上させた。

どちらも、空間的なフロンティアを拡大したのだ。しかし、空間的なフロンティアは、いつかは限界に達する。地球は有限だ。人間が耐えうる加速度や、コストの面からいっても、普通の人が到達できる空間的フロンティアを現在より飛躍的に拡大することは難しい。

では、フロンティアはなくなったのか？　そうではない。19世紀の末頃から、新しいフロンティアが、情報処理と通信に見出されるようになったからだ。これによって、産業革命以来続いてきた「モノ」の生産・流通だけではなく、「情報」がビジネスの対象として登場したのだ。

情報には、モノや空間におけるような限度がない。ＩＢＭを創設したトーマス・ワトソン1世（1874～1956年）は慧眼《けいがん》の経営者だが、1943年に「全世界で必要なコンピュータは何台くらいか？」と質問された時、「5台くらい」と答えたそうである。81年に、「パソコンの記憶容量はどの程度必要か？」と質問された時、マイクロソフト会長ビル・ゲイツは、「640キロバイトもあれば十分」と答えたとされる。

現在、家電量販店に行くと、「8ギガバイトは必要」とアドバイスされる。1ギガバイトとは約10億バイト、つまり約100万キロバイトだ。したがって、8ギガバイトとはゲイツの見通しの1万倍以上ということになる。

データのサイズとなると、もっとすごい。しばらく前までは、データサイズの単位としてメガバイトを使っていた。しかし、最近では、ビッグデータを扱う場合にはペタバイトが単位として使われている。これは、メガの10億倍だ。1mを10億倍すれば100万kmになるが、これは月までの距離の約2・6倍だ。

これまでは人間の身体のサイズで仕事をしていたのが、宇宙的サイズで仕事をするようになったようなものだ。情報におけるフロンティアの大拡張によって、これまでの仕事の内容や方法が大変化しないはずはない。

情報を直接に扱わない企業であっても、こうした変化に適応して、もともとのビジネスモデルを再構築できた企業が成長する。21世紀における主要な変化は、情報に関するものだ。これが21世紀の「メガトレンド」なのである。

必要なのは適切なビジネスモデル

これまでの章で見たように、それぞれの時代に工学的な技術が大きく変化したが、それを利用するビジネスモデルが重要だった。適切なビジネスモデルを用いた者こそが発展したのだ。

そして、航海技術や産業革命的技術の場合以上に、情報・通信技術を用いる場合は、とくにビジネスモデルが重要な意味を持つ。

近代において最初に登場した情報技術は、電信と電話である。これらは、垂直統合型のビジネスモデルによって事業化が進んだ。

第2に、無線通信の技術が登場した。この事業化のためのビジネスモデルの構築は難しかった。個別の料金の徴収ができないからだ。この分野で成功したのは、ラジオの広告ビジネスモデルだ。

第3に、コンピュータが登場した。第2次大戦中にコンピュータの萌芽は現れていたが、大戦後にそれが飛躍的に成長した。ここでも垂直統合型のビジネスモデルで事業化が進んだ。

情報・通信産業が、製造業とは異質な産業であるにもかかわらず、産業革命後の製造業で進展した垂直統合型のビジネスモデルが採用されたのは、興味深い事実だ。しかし、このビジネスモデルも1980年代から始まったIT革命によって、大きく変わることになる。

2 電信、電話、ラジオ、コンピュータ

電話の発明とAT&Tの成長

情報・通信産業を先導したのは、電信と電話であった。ここで注目したいのは、どちらも新しい技術を開発した企業が同業他社を買収して巨大化し、垂直統合型ビジネスモデルを構築したことである。

電話機は、1876年にアレクサンダー・グラハム・ベル（1847〜1922年）によって発明された。ベルらは、77年にベル・テレフォンを設立した。電話事業では、ネットワーク効果が重要である。通信する相手も同じ会社の電話網に加入していれば、通話が容

易になり、利用価値が増大するからだ。そこでベル・テレフォンは、競合会社を買収して、全国的な電話網を作っていった。

また、ベル・テレフォンは、電話機を売り切りするのでなく、レンタル制にした。このビジネスモデルは、電話機を普及させる上で非常にうまく機能したのだが、これを実際に行うためには資金力が必要になる。これも大企業でなければ実行できないことだ。

ベル・テレフォンは、１９００年には巨大企業AT&Tに発展した。AT&Tも高度に垂直統合化を進めた企業だ。基礎研究所であるベル研究所、製造部門であるウエスタン・エレクトリック、そして長距離電話事業と地域電話事業。これらのすべてが、１つの企業の中に含まれ、従業員数は約１００万人に及んだ。空前の巨大企業である。

第2次大戦後、AT&Tは歴史上で世界最大の企業となった。単に大きかっただけではない。同社のベル研究所は、ノーベル賞受賞者を何人も輩出する世界最先端の研究所だった。トランジスタを発明したのもこの研究所だ。

ウエスタンユニオンの失敗

電話に先立ち、電信の技術が19世紀初めに発展した。１８３７年にサミュエル・モールスが電信機を発明し、電信が実用化したのだ。それまでの世界では、郵便などによって人間を介して情報が伝達されていた。したがって、人間の移動スピードより早く情報を伝えることはできなかった。

ところが、電信では、人間が情報を持参しなくても、情報だけが電信線を伝わって電気的なスピードで伝わっていく。これによる情報伝達スピードの向上は、まさに革命的だったに違いない。

電信サービスは30年代に商業化された。51年のアメリカでは、複数の電信会社が設立されたが、それらが合併してウエスタンユニオンが誕生した。同社は、61年に初めて大陸横断電信線を敷設した。

すでに陸上では鉄道によって情報伝達のスピードを加速化しえていたが、大陸間ではそうはいかない。だから、海底ケーブルで全世界が結ばれるのは、革命的なことだった。最初の大西洋横断電信ケーブルが開通したのは、66年のことである。これによって大陸間がつながり、歴史上初めて地球規模の高速通信網が誕生した。

電話が発明された19世紀後半は、このように、電信が急速に発展しつつある時代だったのだ。当時のアメリカにはすでに８５００の電信局があった。電信の用途は、株式相場の速報や新聞の外電などに広がり、経済活動に欠かせない道具になっていた。南北戦争でも重要な役割を果たした。技術面でも、多重通信技術など大きな進歩があった。電信サービスを提供するウエスタンユニオンは、当時のアメリカで最大の企業だったのだ。

他方で電話は、雑音が激しい、通信記録が残らない、交換機がないので専用線を使った特定の人との通話しかできない等々の理由で、ビジネスには適していないとみなされていた。電話の特許を取得した翌年の77年、発明者グラハム・ベルと共同出資者は、電話に関する権利をウエスタンユニオンに売却しようとしたが、にべもなく断られた。

当時のウエスタンユニオンの社長ウイリアム・オートンは、「電話はあまりに欠点が多いので、通信手段として真剣に検討するに値しない。この装置は、われわれにとって何の価値もない」と言ったとされる（「この電気おもちゃは」と言ったという説もある）。

あとになって電話の重要性に気づいたウエスタンユニオンは、ベル・テレフォンと泥沼の裁判闘争を始めた。しかし、結局のところ、79年に、ベル・テレフォンは電信事業に参入しないという条件で、ウエスタンユニオンは電話ビジネスから撤退した。ウエスタンユニオンは、ビジネス史に残る愚《おろ》かな決定をしたのである。

新しい技術の可能性は、このようにしばしば過小評価される。それは現在にいたるまで変わらない。

ラジオが確立したビジネスモデル

1902年、イタリアの研究者・発明家グリエルモ・マルコーニが、大西洋を越える無線通信に成功した。06年には、民間のラジオ放送が開始された。

しかし、無線という技術は、ビジネスモデルの点で難しい問題を抱えていた。なぜなら、無線を使って情報を送ると、普通は受信者を限定することができないからだ。このため、費用を回収するために受信者から料金を徴収するというビジネスモデルは使えない。

そこでマルコーニは、無線通信会社を設立し、自社の装置間でしか通信できないようにしようとした。しかし、この方式は成功というわけにはいかなかった。無線という技術は商業化できなかったのである。

一方、無線の利用は、船舶との連絡や軍事利用の面では急成長した。12年に発生したタイタニック号遭難の際には、無線の絶大な力が認識された。付近を航行中の船舶が現場に駆け付けて生存者を救助できたのは、無線通信があったからだ。

その後、23年にラジオ局のWEAF（AT&Tが所有）が、番組の間に広告を流し、広告料収入で放送費用を賄うという方式を始めた。

これは、ビジネスモデル上の大きな転換だった。なぜなら、料金徴収型のように情報受信者を制限して囲い込むのではなく、逆に情報を無料で提供し、受信者をできるだけ多くしようとするビジネスモスモデルだったからだ。

広告料収入への依存は、それまでも新聞や雑誌で行われていた。だから、まったく新しいビジネスモデルではなかった。しかし、ラジオの場合には、それ以外には収入の道がないという意味で、本質的な重要性を持つ方式だった。

ラジオに遅れてテレビが登場した時、広告モデルはすでに確立されていた。テレビが急速に普及したのは、このビジネスモデルを利用できたためだ。

広告料収入型のビジネスモデルは、その後、インターネットでも広く活用されるようになる。これについては次の章で見ることとする。

巨大企業IBMによるコンピュータの独占

第2次大戦中にドイツが用いていた「エニグマ暗号」を解読するため、アラン・チューリングを中心とするイギリスのチームによって、電子計算機「コロッサス」が開発された。

これは、世界で最初のプログラム可能自動計算機だった。

プログラム可能自動計算機とは、プログラムをデータと同じように記憶できる計算機である。電卓はプログラム可能計算機ではないので、データの入力者がプログラムにしたがってデータを入力していかなければならない。そのため、計算スピードには限度がある。高速計算は、プログラム可能計算機によってしか実現できないのだ。

第2次大戦後の1946年、当時の電気機械式計算機の1000倍の計算速度を持つ、「巨大頭脳」と呼ばれた電子計算機ENIACがペンシルベニア大学のジョン・モークリーとジョン・エッカートらによって作られた。

電子計算機は、その後IBMによって商用化された。同社の前身は、1896年に設立されたパンチカード計算機メーカーだ。時計メーカーなどと合併し、1924年にIBMと改称された。創業者は、トーマス・ワトソン1世である。56年にCEOになったトーマス・ワトソン2世（1914〜93年）は、コンピュータの将来に賭けて、積極的な開発投資を行った。

IBMが成長したのは、その製品が技術的に優れていたからだが、ビジネスモデルも優れていた。IBMは、パンチカード計算機メーカーの時代から、レンタル／リース方式をとっていた。これは、AT&Tと同じ方式である。利用者の立場からすると、導入の際に巨額の資金が必要とされないので便利だ。また、保守の点でも、買い取りではないほうが都合がよい。新機種への切り替えも容易だ。

IBMは、コンピュータでもこの方式を継続した。すでに述べたように、これは大企業でしか実行できないビジネスモデルだ。

そしてハードウェア代だけでなく、ソフトウェアの費用や支援サービス費用などもレンタル価格に含めた。IBMは大型コンピュータの市場で独占的な地位を持っていたので、この包括計算方式によって、レンタル価格は高額になった。つまり、IBMの成長には、技術だけでなく、独占も大きな役割を果たしたのだ（この点でも、AT&Tと同じである）。

IBMは64年4月にシステム360という画期的な大型コンピュータを発表した。これは、IC（集積回路）やOS（基本ソフト）の採用、互換性の実現など、あらゆる点で、それまでのコンピュータの遥か先を行くものだった。

用途は、科学技術計算から商用まで広い範囲に及び、世界を席巻した。その後、宇宙開発や軍事（とくに弾道ミサイルの姿勢制御）での使用が広がり、IBMはアメリカという国家の中枢《ちゅうすう》を握る企業になった。

大型コンピュータは1台数億円する高価な機械である。システム360の開発には、原子爆弾のマンハッタン・プロジェクトを上回る資金がつぎ込まれたと言われる。そうした開発を行い、コンピュータを量産するのは、IBMのような巨大企業でなければできないことだった。

コンピュータの分野でも、電話と同じく、巨大企業による独占体制が進展したのだ。60年代には、AT&TとIBMが人類の未来を開くと、世界中の誰もが信じていた。

以上で見てきたように、情報産業においても、1980年頃までは、産業革命以来続いてきた垂直統合型ビジネスモデルが採用されてきた。そして、競争者を蹴落としたり買収したりすることによって企業規模を拡大し、市場を独占することが目指された。

情報分野の巨大企業は高収益を実現したが、それは、優れた技術やビジネスモデルがもたらしたものだったのか、あるいは独占や寡占に起因する利益であったのかは、はっきり識別することができない。

AT&TもIBMも、独占禁止法の問題に常にさらされてきた。それによって不当に効率性を阻害されたのか、それとも本来あるべき競争状態に近づいたのか、これもはっきりしない。

3　再びビジネスモデルが転換する

垂直統合から水平分業化へ

1990年代になって、企業のビジネスモデルが大きく転換し始めた。それは、垂直統合から水平分業への移行である。

水平分業とは、製造業の場合でいうと、世界中のさまざまな企業で部品の生産を行い、市場を経由してそれらを購入する方式である。つまり、マーケットを通じて分業を行い、最終的に1つの物を作るという方式だ。

こうした変化が生じた原因は、いくつかある。

第1は、通信や情報処理に要するコストの低下だ。IT革命によって通信手段が電話からインターネットに移行し、世界的な規模でほぼコストゼロの通信が可能になった。また、コンピュータが大型コンピュータからPC（パソコン）になり、零細企業でも複雑な計算を簡単に行えるようになった。

そもそも、経済活動が1つの企業の中で行われるのは、さまざまな活動を別の企業で行うよりも、情報処理のコストが低くなるからだ。しかし、そのコスト自体が低下すれば、市場を通じて分業したほうが効率的になる。だから、垂直統合の有利性が失われる。

第2は、「モジュール化」の進展だ。これは、1つの製品を規格化された小さな部品に分解し、複数の企業での生産を可能とする方式だ。これによって、水平分業が行いやすくなる。

第3は、中国を始めとする新興国が工業化したために、部品の製造や組み立て作業を非常に安いコストで引き受けてくれる企業が現れたことだ。とりわけ、エレクトロニクス産業においては、新興国にEMS（Electronics Manufacturing Service）やファウンドリと呼ばれる生産受託企業が成長し、安価な製品を生産できるようになった。そうした企業を利用するか否かで利益率に大きな差が生じるようになった。

ここまで見てきたように、産業革命後は1つの企業、または企業グループであらゆる関連活動を行う「垂直統合」が中心的なビジネスモデルだった。ところが、90年代になってから、世界的な規模での「水平分業」が進展した。電機・エレクトロニクスにおいて、この変化が顕著に進行した。

とりわけ顕著だったのがPCだ。日本でも、90年代までは、NEC9801の国内でのシェアが「国民機」と言われたほど高かった。しかし、モジュール化が進み、OSの標準化が実現してPC製造の水平分業化が進むと、日本メーカーの優位性は消滅してしまった。

世界一の金持ちビル・ゲイツ

マイクロソフトのビル・ゲイツは、雑誌『フォーブス』の世界長者番付で、1994年から2006年まで13年連続で世界一だった。なぜ途方もない富を築けたのか？　それは、マイクロソフトがパソコンのOSを作ったからだ。ただし、マイクロソフトの成功は、独創的な技術によるというよりは、巧みなビジネスモデルによる部分が大きかった。

1980年7月頃、IBMはのちにIBM PCとなるパソコンの開発に着手した。しかし、少数のスタッフとわずかな予算でできるだけ早く商品化する必要があったため、ソフトウェアは外注することにした。

その時、OSにかかわったのが、マイクロソフトだ。だが、マイクロソフトにOSの開発経験はなかった。そこで、シアトル・コンピュータ・プロダクツ（SCP）のQDOSというOSを買い取り、それをIBM PC用に改良してPC-DOSとして納入した。

マイクロソフトは、IBMにはPC-DOSを安く提供した。その代わり、全権利を売り渡すのでなく、ＩＢＭ ＰＣの出荷台数に対して使用料を支払ってもらうライセンス契約にした。この方式は安くてリスクも軽減できるので、ＩＢＭにとっても望ましいものだ。そこで、ＩＢＭはＰＣ-ＤＯＳを喜んで採用した。

一方で、ＩＢＭの独占的な利用を認めたのではなく、マイクロソフトがほかのパソコンメーカーに同じＯＳをＭＳ-ＤＯＳという名称で供給することも自由という契約にした。これは、ＩＢＭ ＰＣの互換機（ＩＢＭコンパチ）が登場するであろうと予期した戦略だ。そして、マイクロソフトは、コンパチメーカーにはＭＳ-ＤＯＳを高い価格で売ったのである。

マイクロソフトが予想したとおり、コンパックなどのコンパチメーカーが続々と登場した。そして、ＩＢＭ ＰＣとそのコンパチが世界標準になり、ＭＳ-ＤＯＳがその心臓部を握った。

マイクロソフトのビジネスモデルでもう1つ重要なのは、オープン戦略をとったことだ。すなわち、ＭＳ-ＤＯＳの仕様を公開し、さまざまなベンダー（供給者）がアプリケーションソフトを開発することを可能とした。このため、ＭＳ-ＤＯＳ上で動くアプリケーションが多数誕生した。

それに対してアップルは、最初はOSの技術情報を公開しなかったため、ソフトを開発するベンダーが限られ、アプリケーションソフトはあまり増えなかった。アップルはその後OSを開放したが、すでにMS-DOSが圧倒的な支配を確立していた。

ユーザーは、アプリケーションが豊富なMS-DOSのパソコンを選ぶ。MS-DOSが世界標準になったのは、このためだ。

結局、マイクロソフトのビジネスモデルとは、「IBMに安く売り、規格を公開することによって、ネットワーク効果を実現する。その上でコンパチメーカーに高く売って収益を上げる」というものだ。ビル・ゲイツの富は、こうして築かれた。

IBMを変身させたガースナー

システム360の成功によって、IBMは、コンピュータの世界で他社の追随を許さぬ地位を固めていた。ところが、1980年代になって、UNIXというOSを使うワークステーションや、マイクロソフトのOSを使うパソコンが登場し、大型コンピュータの地位が脅《おびや》かされるようになった。

大型コンピュータの価格は下落を続け、生産台数は減少し続けた。IBMの91〜93年度の累積損失は150億ドルを突破し、企業の損失額としては史上最高値を記録した。IBMは深刻な経営危機に陥った。

93年にIBM再建のために、RJRナビスコの会長からルイス・ガースナーがCEOにヘッドハントされた。彼は、IBMの歴史で初めての「外部」の経営者であり、コンピュータの専門的な知識も持ち合わせていなかった。そうした人がコンピュータの専門家集団と対決し、彼らの既得権益を突き崩して組織を基本から変革しようとしたのだから、その困難さは容易に想像できる。

ガースナーの自伝『巨象も踊る』(山岡洋一/高遠裕子訳、日本経済新聞社、2002年)によれば、彼は、まずIBMの特異な企業文化を変えようとした。ガースナーは、「企業文化は経営の一側面などではなく、経営そのものだ」と考え、この改革を最重要事項とした。

大型コンピュータの価格を引き下げて競争力を取り戻す一方で、「ソルーション」という方向に大きく企業の舵《かじ》を切った。これは、システム構築からコンピュータの管理・運用・維持・補修にいたるまで、顧客の側に立ってすべてを引き受ける統合的なサービスだ。

この方向転換、つまりコンピュータの製造からサービスの提供へと大きくビジネスモデルを変えることで、IBMはビジネス環境の大変化という試練を見事に乗り切った。

ＡＴ＆Ｔはインターネットに対応できなかった

ＡＴ＆Ｔは、１９８０年代に急速に衰退した。その始まりは、司法省による解体である。84年1月1日に、巨大企業ＡＴ＆Ｔは、独占禁止法違反により、長距離ネットワークの運営および研究開発・機器製造を行う新ＡＴ＆Ｔと、７つの地域電話会社とに分割された。

新ＡＴ＆Ｔは、研究開発部門（ベル研究所）と機器製造部門（ウエスタン・エレクトリック）を、ルーセント・テクノロジーとして自主的に分離した。これによって、ＡＴ＆Ｔは長距離電話を専門的に行う会社となった。

ところが、その後、インターネットが登場して、長距離電話事業の根底を揺るがすこととなった。インターネットでは、通信中に回線が占有されることがなく、またどの経路をたどっても構わないので、電話に比べて、通信回線を遥かに効率的に利用することができる。

インターネットに対する電話の不利度は、長距離通話においてより顕著だった。インターネットのコストは距離に関係がないが、電話の長距離通話は高くつくからだ。こうして長距離電話事業の採算が悪化した。

ＡＴ＆Ｔはインターネットの成長を、手をこまねいて見ていたわけではない。ヒューズ・エレクトロニクスの会長だったマイケル・アームストロングを98年に会長兼ＣＥＯとして迎え、ＣＡＴＶ（ケーブルテレビ）を中心とした総合情報通信企業への転換を目指した。そして、10兆円を超える巨額の資金を投じてケーブル会社を買収し、ＡＴ＆Ｔはアメリカ最大のケーブル網企業となった。

ところがその後、圧縮技術が進歩して、電話線を用いてケーブル並みの大容量情報を送れるようになった。さらに、携帯電話技術が進歩し、無線で大容量通信が行えるようになった。このため既存の電話網を持つ地域電話会社や無線網携帯電話会社のほうが有利になった。

こうして、ケーブルを軸としたアームストロングの戦略は敗北。ＡＴ＆Ｔは、２００５年に子会社の1つである地域通信会社のＳＢＣコミュニケーションズに買収されることとなった。かつてウエスタンユニオンが犯したのと同じ過ちを、ＡＴ＆Ｔ自身がインターネットに関して犯したわけだ。

その後、ブランド価値の高いＡＴ＆Ｔを社名にすることとしたため、ＡＴ＆Ｔという名称の企業は現在でも存在する。しかし、それは、以上のような経路をたどってできた企業であり、栄光あるかつてのＡＴ＆Ｔとは別の会社だ。

ＡＴ＆Ｔが衰退したのは、表面的には反独占訴訟によって分割されたためだ。しかし、基本的な原因は、技術の大きな変化に対してビジネスモデルを転換できなかったことだと言えよう。仮に司法省による解体がなかったとしても、ＡＴ＆Ｔは凋落《ちょうらく》したことだろう。

大きいことでなく、素早いことが重要になった

１９８０年代までの技術では、巨大組織による垂直統合型の生産が、圧倒的に効率的だった。だから、大きいことは強いことを意味した。しかし、80年代に起こった技術の変化が、大組織の有利性を消滅させた。むしろ、小組織ならではの柔軟さが重要な特性になってきたのである。

ＩＴ革命以降、技術革新の速さは加速した。革命の中心地であったアメリカのシリコンバレーでは、時間は「ドッグイヤー」で進むようになったと言われる。これは時間の進み方が、これまでの7倍の速さになったということだ。ドッグイヤーについて行けるかどうかが、組織の意思決定のスピードにおいても重要な問題となった。

弱肉強食の「強」が、「大きいこと」ではなく、「速いこと」になったのだ。こうした状態はfast eats slow（速いものが遅いものを食う）と表現される。

第4章　ＧＡＦＡという勝者たち

1 GAFAとは

時価総額トップ5を占めるGAFA

現在、アメリカ企業の時価総額のトップ5は、新しく生まれた産業の企業によって占められている（注）。それらは、インターネット関連製品のアップル、検索エンジンのアルファベット（グーグル）、ソフトウェア開発のマイクロソフト、SNS（Social Networking Service）のフェイスブック、ネット通販のアマゾンだ（図表4-1）。

これらの企業群は、マイクロソフト以外の4社の頭文字をとって、「GAFA」と呼ばれる。なお、アップルではなく動画配信のネットフリックスを入れて「FANG」と言われることもある。

これらの企業が提供する製品やサービスは、いまや多くの人にとって、仕事や生活の欠かせない一部になっている。

グーグルが提供するGメールが突然使えなくなれば、仕事がストップしてしまう。iPhoneが使えなくなったり、マイクロソフトが提供するWindowsに故障が生じたりすれ

図表4-1　アメリカの時価総額のトップ企業（2017年12月）

順位	企業名	時価総額（10億ドル）
1	アップル	886.9
2	グーグル	719.2
3	マイクロソフト	681
4	アマゾン・ドット・コム	600.8
5	アリババ・グループ	488.4
6	フェイスブック	449

（資料）Yahoo! ファイナンス

ば、（代替するものがないわけではないが）仕事や生活のスタイルをかなり大きく変えなければならなくなる。こうしたことを考えれば、GAFAの時価総額が巨額なものになるのも、当然のことだ。

ところで、図表4-1と図表2-1（65ページ）を比べれば、登場している企業が大きく違うことがわかる。これは、図表2-1が売上高ランキングであるのに対して、図表4-1が時価総額ランキングだからだ。

仮に売上高利益率や将来の期待成長率に大きな差がないとすれば、売上高のランキングと時価総額のランキングは一致するはずだ。そうならないのは、売上高利益率の差にもよるが、より大きくは将来の成長可能性の違いによる。

つまり、図表2-1にあるのは、成長率が低い「過去の企業」だ。それに対して、図表4-1にあるのは、成長率が高い「未来的な企業」なのである。

（注）中国企業であるアリババやバイドゥが、それぞれニューヨーク証券取引所とＮＡＳＤＡＱに上場されていて時価総額が大きいため、アメリカの取引所の時価総額リストとアメリカ企業の時価総額リストが食い違うことがある。なお、第7章を参照。

新しい企業が新しいアメリカを作った

ＧＡＦＡは、ＩＴ革命の勝者である。従来のアメリカ大企業とは異なる企業文化を持ち、イノベーションを先導してきた。だが、ＧＡＦＡが時価総額リストのトップを占めるようになったのは、ここ数年のことだ。

ＧＡＦＡは、１９８０年代には、存在しなかったか、存在していても小さな企業だった。アップルがiPodを売り出し、グーグルがＩＰＯ（株式公開）をしたのが２００４年のことであるから、ＧＡＦＡの台頭は、この10年余りの急速な変化であり、目立つようになったのは、この5、6年のことと言える。

現代のアメリカは１９８０年代までのアメリカと大きく違うが、伝統的な企業が時代に適応することによって変貌したのではない。21世紀になってからのアメリカの成長は、ＧＡＦＡに代表される企業の成長に支えられてきた。新しい会社が登場して、新しいビジネスモデルを作り上げたのだ。

ＧＡＦＡは、伝統的な企業とは大きく異なるビジネスモデルを持っている。従来からある技術を使って、それを効率化することで利益を上げているのではない。新しい技術を用いて、従来からある事業のやり方を転換させてしまったのだ。そして、従来の企業を乗り越えた。

これらの企業に共通しているのは、「モノを作っているわけではない」ということである。グーグルやフェイスブックは、情報を扱っている。アマゾンも流通業であり、製造業ではない。アップルはiPhoneなどの製品を扱っているが、しかし工場を所有して製造しているわけではない。

日本にこうした企業が登場しなかったことが、「失われた20年」の基本的な原因だ。

GAFAが作り上げた新しいビジネスモデル

グーグルの収入は広告料だという意味で、グーグルは広告業の企業だ。ただ、従来の広告代理店とは違う。グーグルが提供しているのは、広告ではあるけれども、検索という技術に基づいたものだ。この検索技術は、高度なものだ。グーグルはサービス業ではあるけれども、技術に支えられているという点で、製造業とあまり違いがない。

グーグルは、検索連動広告という新しい広告方式を用いることによって、従来の広告代理店とはまったく異なるビジネスモデルを確立したのである。これについては、本章の3で詳述する。

フェイスブックも新しいタイプの広告業だ。SNSという新しいサービスで個人情報を集め、それをもとに広告を行っている。

アマゾンは、流通業だが、ウェブショップであり、従来の流通業とはまったく異なる。売れ筋の商品だけでなく、滅多には売れない多数の商品(「ロングテール」)を適切に扱う手法を確立することによって、現実店舗を打ち負かした。

ロングテールを扱うためには、きわめて多数の商品から消費者が自分の求める商品を見出せるような仕組みを提供する必要がある。そのため、検索エンジンでアマゾンで扱っている商品が上位に来るような工夫をしたり、類似商品を見つけやすいようにしたり、購入者の評価を載せたりしている。

次項で述べるように、アップルも製造業ではあるが、工場がない。だから、製造業なのかサービス業なのかがあまりはっきりしない。

重要なことは、このような製造業とサービス業の中間であるような分野の企業が大きく成長していることだ。これらの企業は、情報というものが持つ経済的な意味を変えた。

これまで「価値がある情報」と考えられてきたのは、企業秘密とか軍事情報のような、個別に価値がある情報である。それらは、厳重に管理して機密を保つことが要求される情報であった。

それに対して、グーグル、フェイスブック、アマゾンなどが用いているのは、検索の履歴や友人との交信、あるいは書籍の購入履歴などであり、個々の情報を取り上げれば、とりわけ秘密にすべきものではなく、さほど価値があるものでもない。いわば、ありふれた普通の情報だ。

しかし、それらの情報が大量に集まると、そこから経済的な価値が発生するのである。これが「ビッグデータ」と言われるものの本質に他ならない。グーグルやフェイスブックやアマゾンは、普通のデータを用いて、それを経済的な価値あるものに転換するビジネスモデルを開発したということができるだろう。

ファブレス化によって進む水平分業

アップルは製造業だが、iPhoneという新しい製品を開発し、世界的水平分業という生産方式を確立することによって、製造業の新しいビジネスモデルを切り開いた。

第3章で見たように、IT革命によって水平分業が始まった。それまで垂直統合でパソコンを生産していたアップルも、iPodの生産から水平分業に転換し、新興国のEMS（エレクトロニクス製品の生産受託企業）を活用して低コストでの生産を行い、高い利益を実現するようになった。

これは、世界中のメーカーから部品を調達し、最終組み立てはEMSに委託する方式だ。アップルは、EMSとして台湾のホンハイ（鴻海科技集団）の子会社フォックスコン（富士康科技集団）を用いている。

この方式は、市場を通じた流動的な関係であるという意味で、系列メーカーとの間での固定的な関係である垂直統合型の生産方式とは異なる。これによって「ファブレス化」、すなわち、工場を持たない製造業が可能となった。アップルは、製造工程を自社内に持たず、企画・設計と販売に集中できるようになったのだ。

製造業がファブレス化すると、利益率が高くなる。なぜなら、開発過程の利益率は非常に高いからだ。いままで誰も考えつかなかったものを作り出すことの利益に対する貢献は、非常に大きい。

その後、アップルはiPhoneを発明した。これは携帯電話のような格好をしているが、携帯電話ではなく、コンピュータだ。こういうものがあり得るということを考え出し、その基本的な設計をした。それが非常に大きな価値を生み出した。

そして、これを販売した。リンゴのマークがあると、人々はこの機械を信頼できると思って買う。これはブランド力だ。ブランド力をもって販売することも利益率が高い。

逆に言えば、製造過程の利益率は低い。だからアップルは、利益率が下がってきた製造過程を自社では行わず、工業化した中国を利用した。利益率が高い部分だけに特化したのだ。つまり、アップルは、考えることと、売ることしかやっていない。製造過程を抜いてしまったわけだ。このため高収益が可能となった。

これは、新興国が工業化した世界において、先進国の製造業が歩むべき方向を示している。このように変身した製造業は、サービス業とあまり変わらなくなる。製造業とサービス業という区別が、あまり重要性を持たなくなるのだ。先端的な分野では、製造業とサービス業の差が曖昧《あいまい》になりつつある。

こうした変化に対応できたか否かは、アップルとシャープを比べると明らかだ。前者は水平分業、後者は垂直統合だ。そしてこれは、アップルとシャープの差だけでなく、より一般的に、アメリカの製造業と日本の製造業の差なのである。アメリカの製造業が水平分業化を進めてファブレスの製造業を実現したのに対して、日本の製造業は垂直統合にこだわって、改革が進まなかった。

2 GAFAを創業した人々

アップルを作ったスティーブ・ジョブズ

スティーブ・ウォズニアックが設計してガレージで作ったApple Iをスティーブ・ジョブズが販売したのは、1976年のことである。翌年発売されたApple IIは大成功を収め、PC（パソコン）の時代が到来した。

このストーリーは、19世紀のカリフォルニアのゴールドラッシュで、リーバイ・ストラウスがブルージーンズを作り出した物語と重なる（注）。この2つは、何となく雰囲気が似ている。どちらも、大企業の大工場で作られた製品ではない。どちらも、権威や権力とは関係がない。政治家の庇護《ひご》や独占的支配力といったものとも、無縁だ。

スティーブ・ジョブズが２０１１年に亡くなった時、そのニュースは世界中の新聞のトップ記事となり、いくつもの雑誌が特集を組んだ。ジョブズに関する本も、数多く刊行された。

スティーブ・ジョブズの死は、なぜ多くの人に悼《いた》まれたのだろうか？　それは、多くの人が望んでいた「夢」を、彼が実現してくれたからだ。

彼が実現した「夢」とは、「こんなものがあったら便利なのに」というものである。それだけでなく、「カッコよくて、人に見せたくなる」（英語ならば、cool！と言いたくなる）ものだ。iPhoneは、この両方の条件を満たしていた。だからこそ、熱狂的なファンを獲得したのだ。

１９８１年、大型コンピュータを支配する超優良企業ＩＢＭがパソコン事業に乗り出した時、アップルコンピュータは、“Welcome, IBM. Seriously”（「ようこそＩＢＭ。いや、僕は真面目だよ」）という全面広告を『ウォール・ストリート・ジャーナル』（ＷＳＪ）に掲載した。ガレージ発企業の面目躍如《やくじょ》たるものがある。

ジーンズを穿《は》いてＩＢＭの大型コンピュータを操作したら、およそ場違いだ。しかし、ジーンズ姿でiPhoneを使うのは、サマになる。ジーンズとiPhone、この2つは、同じ文化圏に属しているのである。

「どうすれば起業家になれるか？　自分がほんとうに情熱を傾けられるものを探すことだ」「毎日、ああ、今日はすばらしいことをしたなあと思いながらベッドに入りたい」。ジョブズは、そう言っていた。

好きでしようがないことを追求し、新しい製品とビジネスを生む。それに成功した企業の時価総額が、世界第1位になってしまう。アメリカでは、こうしたことが現実に生じているのである。

（注）リーバイ・ストラウスとブルージーンズについては、拙著『アメリカ型成功者の物語――ゴールドラッシュとシリコンバレー』（新潮文庫、２００９年）を参照。

グーグルを作ったラリー・ペイジとセルゲイ・ブリン

グーグルを作ったラリー・ペイジとセルゲイ・ブリンは、スタンフォード大学コンピュータサイエンス学科の大学院生だった。1996年頃に、自分たちが書いた論文をもとに、新しい検索エンジンを作った。

彼らの検索エンジンは、それまでのものとは違って、人々が知りたい順に検索結果を並べる非常に優れたものだった。大学のコンピュータを使ってテストしたところ、多数のアクセスを集めた。

やがて大学のコンピュータではアクセスを処理できなくなったので、大学の外で事業として行うこととし、98年に「グーグル」という奇妙な名の会社を発足させた。

この時は、ほかのネットベンチャーのように、まだガレージで操業していた。事業の拡張に必要な資金は、ベンチャーキャピタルからの出資で調達したが、検索エンジンのデモを見たベンチャーキャピタリストが、即座に出資を決断した時、それを受け入れるのに必要な銀行口座をグーグルが持っていなかった、という逸話がある。

この出資でオフィスを構えることができるようになったが、その場所は自転車屋の2階だった。従業員は、2003年時点で300人程度に過ぎず、大企業と肩を並べるようになるとは、誰も考えていなかった。

本章の3で述べるように、グーグルが始めた「アドワーズ広告」は、小企業や零細企業がインターネットで申し込んで行うタイプの広告だ。それまでの、大企業の広告とはまったく違う。

彼らはゴルフ嫌い（つまり、接待サービス嫌い）で、広告嫌いだった。学生時代に書いた論文の中で、従来型の広告の害悪について論じていたほどである。グーグルも最初は、「プレミアム広告」と呼んだ大企業向けの広告を導入していた。これがかなり順調な成果を挙げていたにもかかわらず、それをやめて、小企業向けのアドワーズ広告を始めたのである。

大企業から広告をとるため、営業活動をするのがよほど嫌だったのだろう。顧客をディナーに招待して説明するなどという仕事は、彼らの望むところではなかったのだ。

グーグルは、検索エンジンを変えただけではなく、広告のビジネスモデルをも変えたのだが、それは、創業者の人柄によるところが大きいように思われる。

フェイスブックを作ったマーク・ザッカーバーグ

フェイスブックは、マーク・ザッカーバーグと、彼のハーバード大学のルームメイトたちによって創業された。そのもともとの機能は、友人との交流を広げることであった。大学には、新入生の写真や出身高校などを載せた「フェイスブック」という印刷物が従来からあった。しかし、電子版がなかった。電子版を求める学生の声は強かったが、大学は消極的だった。個人情報を巡る法的なトラブルが起こる危険を恐れたためだ。

そこでザッカーバーグらが始めたのが「コースマッチ」である。これがなぜ評判になったかと言えば、学生たちは、誰がどの講義を受講しているかに強い関心を持っていたからだ。

その情報は、交友関係の範囲を広げるのに役立つ。有り体に言えば、「デートの相手に接近するのに役立つ」。クラスで好きな女子学生の隣に座る幸運に恵まれたら、コースマッチで検索して彼女が取っているほかの講義を調べ、それを取るのだ。

これが、SNSというものの本質的な部分だ。このサービスは大成功した。ザッカーバーグは、「人を結びつける方法がいろいろあることを発見した」と述べている。

ここには、多分に「遊び」の要素がある。「人的なつながりを広げていけば、ビジネスに役立つ」というような、功利に直結したものではない。第2章で見た「金ぴか時代」の成功者であれば、そうした発想になっただろう。例えばカーネギーは、職場で得た人的つながりをうまく活かして、のちの成功のためのチャンスを獲得していった。

しかし、ザッカーバークの発想には、「人とのつながりを利用して成功する」という要素は希薄だ。現代社会における「クールな」人と人との結びつきとは、本質的にそうしたものなのだろう。それをうまく引き出せたことが、フェイスブック成功の秘密だ。

本章の4で述べるように、遊びの精神は、現在のフェイスブック本社の物理的構造にも表れており、それが自由な発想を助けている。

現代のアメリカンドリーム

以上で述べた人々は、技術の大きな変化によって生ずるビジネスチャンスを適切につかんだ。その点では、第2章で見た「金ぴか時代」の人々と同じである。技術の大きな変革期には、必ずそのようなチャンスが訪れるのだ。

しかし、これらの人々は、「金ぴか時代」の人々とは性格がかなり異なる。「金ぴか時代」の成功者の多くは、貧しい生活の中でまともな学校教育も受けず、下積みの仕事の中で人一倍の努力をして這《は》い上がろうとした。資金を貯め、誰かに認められ、成功の手がかりをつかんだ。その意味で、典型的な克己《こっき》・奮励《ふんれい》努力型の人々だ。ひと昔前の日本にあった「修身」の教科書に出てくるような人々である。

この章で見た人々は、好きなことをやっていたら大成功してしまった。少なくとも、金儲けのために自分の信条を曲げたり、生活を犠牲にしたりしたわけではなかった。やりたいことがたまたま社会の求めていることに合致し、それが途方もない豊かさを生んだのだ。GAFAの創業者たちは、ベンチャーキャピタルから資金の提供を受け、大きな可能性に賭け、自らの意志でリスクにも挑戦した。その意味では、大航海時代に新しいフロンティアを切り拓いたコロンブスやマゼランなどのパイオニアたちと、多分に同じ種類の人間なのである。

自分のやりたいことをやった結果、その会社の時価総額が世界一になってしまった。これが、現代のアメリカンドリームだ。アメリカは、いまだにこうしたことが可能な社会なのである。

3 新しい技術をどう収益化するか

グーグルはどこから収益を得ているか

新しい事業の成功のために、技術は重要だが、それだけでは十分でない。何度も述べてきたように、それを活用するビジネスモデルが重要である。

実際、優秀な技術を持ちながら失敗した企業は、数え切れないほどある。スマートフォンの原形はブラックベリー社のものだが、アップルのiPhoneに敗退した。グーグル以前にも以後にも、たくさんの検索エンジンが作られたが、それらのほとんどは消滅した。

問題は、どのようにして収益を得るかだ。検索エンジンがいかに優れていても、それから収益を得るのは容易ではない。普通の発想なら、検索サービスに課金する。例えば、会員制にする。しかし、こうしていたらグーグルは成功しなかっただろう。

まず、利用者が減る。PCに組み込んで、本体の価格の一部に利用料金を含ませる方法も考えられる。マイクロソフトは、この方式で膨大な収入を得た。しかし、グーグルはこれも行わなかった。では、大企業から、ビジネス用に使用料を得ているのだろうか？　そうでもない。

彼らは検索サービスを無料で提供した。そして、検索サービス以外に、Gメール、グーグル・マップ、ストリートビュー、グーグル・カレンダーなど、さまざまなサービスを始めた。

これらのすべてが無料だ。Gメールにしても、従来のメールサービスは有料の会員制だったので、有料にしようと思えばできたはずだが、グーグルはそうしなかった。サービスを無料で提供しているのに、どうして巨額の時価総額になるのか? グーグルはどこで収入を得ているのだろうか?

インターネットの広告モデル

インターネットでは、無線と違って、料金を支払わない人を排除することは可能だ。その点だけから言えば、インターネットにおける情報提供ビジネスにおいて、広告モデルを採用する必然性はなく、料金徴収型のビジネスモデルを採用することも可能だったはずだった。

しかし、実際にはインターネットにおける情報提供の多くが無料で提供された。これは少額課金が難しいという、もう1つの理由によるものだ。

このため、インターネットでは広告モデルが一般化した。最初はバナー広告が用いられた。これは、新聞、雑誌などの広告の延長線上にあるものだ。しかし、バナー広告は、テレビ広告などと同じように、広範囲の視聴者や読者に向けた一般的な内容なので、多くの人が自分には関係のない広告を押しつけられていると考える。そして、できれば見ずにすまそうと考えてしまう。

また、バナー広告は、アクセス数が非常に多い大手ホームページに掲載されなければ効果を上げられない。こうした問題を解決したのが、グーグルによる検索連動広告だ。

個人情報を活用する検索連動広告

検索連動広告とは、検索語に関連すると思われる内容の広告を、検索結果とともに画面に出す方式である。例えば、利用者が「車」と入力すれば、自動車会社の広告を出す。連動広告は、Gメールでも行われている。

従来の広告でも、広告ターゲットと媒体との関連づけは行われていた。しかし、求めている商品は個人によって違う。より正確な関連づけを行うためには詳細な顧客情報が重要だが、それを入手するのは容易でない。

ところが、検索やメールのサービスを無料で提供すれば、非常に詳細な個人情報が自動的に集まる。その情報を使えば、それぞれの個人が求めている内容の広告を打つことができる。

従来式広告との効率の差は明らかだ。魚がいるかどうか不確かなところに網を投げるのと、魚がいるとわかっているところに網を投げるのとの違いだ。

効率がよければ、広告が集まりやすいので料金設定を安くできる。こうして好循環が起きる。しかも、検索とメールで、グーグルはきわめて高いシェアを実現しているので、ほかの広告業者が同じことをやろうとしてもできない。グーグルの高収益は当然だ。

アドワーズ広告とアドセンス広告

検索連動広告それ自体は、グーグルが発明したものではない。しかし、それを発達させ、新しい仕組みを開発することによって、収益性がきわめて高いものにした。

グーグルが開発した第1は、競争入札方式だ。検索語に応じて広告を掲載する権利を、入札で決めるのだ。

これによって、グーグルは従来の広告モデルとは性格が大きく異なる広告モデルを採用したことになる。大口広告主との個別交渉から、公開入札という競争入札方式に転換したのだ。

入札はインターネットを通じて行われ、単価を低くできるので、零細企業でも広告を出せるようになった。以上のような特徴を持つ広告を「アドワーズ広告」と呼ぶ。

グーグルが開発した第2は、「アドセンス広告」である。これは、人々が書いているウェブページに広告を出す方式だ。ウェブページの作成者は、広告から収入を得ることができる。

競争入札による検索連動広告（アドワーズ広告）も、アドセンス広告も、いずれも広告ビジネスに新しい領域を拓いた。きわめて効率が高く、しかも広告料を安く抑えられるので、利用者が広がり、これまでの広告とは桁違いの広告料収入をグーグルにもたらした。

スティーブン・レヴィは、『グーグル――ネット覇者の真実 追われる立場から追う立場へ』（仲達志、池村千秋訳、CCCメディアハウス、2011年）の中で、グーグルは「ネットで莫大な収益を上げる秘密の方程式を解いてしまった」。これは「人類史上最大の成功を収めた広告システム」であり、「いまでも競合他社はそれに匹敵するモデルを生み出せないでいる」としている。そのとおりだ。

ここで注意すべきは、これを可能にしたのが、情報工学的技術だけではないということだ。ページとブリンが作った検索エンジンは、きわめて高性能のものだ。しかし、それだけでは高収益を上げることはできなかった。それを収益に結びつけるビジネスモデルが重要だったのだ。

4　技術のジャイアントは続くのか

ベンチャーキャピタルとＩＰＯの役割

ＩＴ革命の過程でスタートアップ企業に資金を提供し、リスクへの挑戦を可能としたのは、ベンチャーキャピタルだ。これは、創設まもないが有望な事業を開発しつつある企業に出資し、その企業が成長したら、株式公開（ＩＰＯ）をさせ、その株を転売して利益を得ようとする投資会社（ファンド）である。

これは、第1章で述べたコンメンダの再来のような仕組みだ。シリコンバレーのＩＴ企業は、ベンチャーキャピタルがなければ成長できなかっただろう。

ＧＡＦＡも、ベンチャーキャピタルの出資とＩＰＯで資金調達を行った。グーグル、フェイスブック、アマゾン、アップル。どれもそうだ。

こうした資金調達は、ＧＡＦＡだけが行ったものではない。ＩＴ産業の新しい企業が共通して用いてきた方法だ。すでに１９７０年代のアメリカで、インテル、サン・マイクロシステムズ、マイクロソフト、アップルコンピュータ（現在のアップル）などの企業が、ベンチャーキャピタルから資金を得て成長した。ヤフーやツイッターなども、ベンチャーキャピタルからの資金援助を得てスタートした。

IT時代において、技術革新は、巨大企業から生まれたのでなく、ベンチャービジネスから生まれた。株式会社という組織は、新しい技術を開発するための組織としては、うまく機能しなかったのだ。

ただし、IPOは、株式市場からの資金調達である。そして、IPOの際には、投資銀行が重要な役割を果たす。その意味では、GAFAの資金調達は伝統的な金融の仕組みに依存している。

優れた技術やアイディアが多額の収益をもたらす

第2章で述べたように、産業革命以来の潮流は、大規模化、組織化であった。それが工場制工業において効率を向上させる基本的な手段だったからだ。

しかし、いま潮流は、大きく転換しようとしている。優れた技術やアイディアが、多額の収益をもたらすようになったのだ。しかも、新しいビジネスモデルは、基幹的な技術を無料で配布するとか、検索連動広告という新しい仕組みを作り出すといった、きわめて斬新なものである。従来のように同業他社を買収して、ひたすら組織を巨大化するというようなものとは、レベルが違う。

すでに述べたように、GAFAのすべてが、このような革新的技術によって支えられている。これらのいずれもが、ごく少数の人間によって生み出された革新的なアイディアだ。GAFAに限らず、高度サービス産業では、創造性から生み出される革新が、きわめて大きな利益と成長をもたらしている。

こうしたアイディアは、簡単に出てくるわけではない。誰にも考えつくようなものではない。それらを考え出すためには、適切な環境が必要である。だから、個人の創造性を引き出す労働環境を整備することが、大変重要だ。

このため、アメリカをリードする先端ハイテク企業は、さまざまな工夫をして、大企業病に陥ることを避け、個人の創造性を引き出そうとしている。

大企業病に陥らないために

ジリアン・テットは、『サイロ・エフェクト――高度専門化社会の罠』（土方奈美訳、文藝春秋、2016年）の中で、組織が縦割りのセクションに分かれてしまう現象について書いている。

1999年にソニーが3つのまったく異なるデジタルウォークマンを発表したのが、その例だ。かつては創造力に溢れていたソニーの技術者たちは、際限のない縄張り争いに巻き込まれ、協力する意思や能力を失っていった。だから、ソニーと同じ運命をたどらないための努力が必要だ。

サイロに陥らなかった例として、フェイスブックがある。急成長した同社は、2008年にコンピュータ技術者が150名を超えた。「ダンバー数の理論」という考えによれば、最適な社会集団の規模は150人だ。そこで、同社は内向きの硬直的な集団になるのを防ぐため、新入社員研修プログラムによって非公式な社会的絆《きずな》を作ろうとした。

フェイスブックの本社は、大学のように、「キャンパス」と呼ばれている。そこに、レストランはもちろんのこと、それ以外の店もある。キャンパスの周りは、サンフランシスコ湾沿いの湿地帯。誰でも入ることができるので、観光客もかなりいる。つまり、ここは、フェイスブックの本社というより、1つの町になっている。

グーグルの本社は、「グーグルプレックス」と呼ばれている。オフィスのほか、公園、世界の料理を提供する無料の社員食堂、フィットネスジムやサウナなどもある。ブティックホテルを意識し、街の広場のような雰囲気となるよう設計したと言われる。

カフェテリアで一日中食事を提供して従業員間のコミュニケーションを促進しようとしたり、仕事時間の20%を与えられた仕事以外の好きなプロジェクトに使ってよいという「20%ルール」を設定したりしている。

組織から個人へ、働き方が変わる

GAFAのような先端企業における働き方は、従来の大企業とは違う。

ここでの働き方は、産業革命以降の大規模な工場における工場労働者の働き方ではない。こうした職場で重要なのは、「統制のとれた軍隊的な組織が、一糸乱れずに行動すること」ではないのである。

むしろ「自由な雰囲気の中で、個人の創造的な能力を発揮させること」が重視される。これは、産業革命以前の独立自営業の雰囲気だ。

そして、規制のない自由な市場の中で経済が発展する。組織から個人へ、画一性から多様性へという変化が生じているのだ。

GAFAとビッグデータの支配

２０１７年４月７日の『フィナンシャル・タイムズ』によると、グーグルは、自動運転車を開発しているエンジニアに、１億２０００万ドル（１３３億円）のボーナスを与えた。これは、１人へのボーナスである。

いかに先端的なスタートアップ企業であっても、これでは優秀な人材が集まらない。だから、スタートアップ企業がさらなる成長を望むなら、グーグルなどに買収されるしか方法がない。

アマゾン、アルファベット（グーグル）、インテル、マイクロソフト、アップルは、年間６５０億ドル（約7兆2000億円）の研究開発費を支出している。これは、アメリカの株式公開企業４００社の合計よりも多い。これらの企業は、技術開発を独占しているのだ。

ＧＡＦＡは、現在の技術開発を支配しているだけではない。将来も、そうであり続ける可能性がある。ビックデータという重要な資源を独占しているからだ。こうして強いものがますます強くなる。

ＧＡＦＡは、技術面でジャイアントになっただけではない。例えば、アマゾンは小売業で支配的な位置を獲得するようになり、多くの書店をつぶしてきた。

ＩＴ革命は社会をフラット化すると期待されていたのだが、実際には主役が交代しただけで、巨大企業が経済を支配するという構造そのものは、変わらなかったわけだ。

なぜこうなったのだろうか？　その大きな原因は、インターネットを通じて送金するのが難しいことである。グーグルのビジネスモデルは、広告モデルだ。これは、ウェブ上で情報を有料提供することが難しい、という事情に影響されている。

アマゾンの場合も、巨大な企業であるために人々は安心してクレジットカード番号を送るが、零細な小売店であれば、このようなことは難しい。

このように、ＧＡＦＡはすでに大企業になっている。しかし、今後も変革を主導し続けられるかどうかは、はっきりしない。ＧＡＦＡの支配を揺るがしかねない予兆もある。

例えば、第６章で述べるように、仮想通貨の発展によって変わる可能性がある。そうなれば、ＧＡＦＡが支配する世界は、大きく変わることになるだろう。

ＧＡＦＡの弱点は

つまり、ＧＡＦＡにも弱点がある。

とくにグーグルについて、そのことが言える。なぜなら、同社の収入の9割近くは広告料収入であり、それが将来も続くかどうかについて、疑問があるからだ。

これまでは、ウェブページの作成者が情報を有料で売ることができなかったため、アドセンス広告によって、自分のウェブページのスペースの一部を広告に貸していた。しかし、この方法でウェブページの作成者がより多くの収入を得るためには、大量のアクセスを獲得しなければならない。それが嵩《こう》じて、情報の質が低下するということが起こっている。

課金型モデルが採用できなかったのは、これまでの送金手段では、少額課金が難しかったからである。しかし、仮想通貨のマイクロペイメントを可能とする技術開発がなされれば、送金コストはゼロに近くなる。銀行や中央銀行が仮想通貨を発行する場合にも、ゼロに近いコストでの送金が可能となるだろう。

これによって、ウェブにおける情報提供の有料化が広まる可能性がある。ウェブにおけるコンテンツの提供が広告モデルから有料モデルに転換すれば、ウェブで提供される情報の質を向上させることができるだろう。

グーグルは、自動運転などの先端的な技術の研究開発を行っており、これが実用化すれば、きわめて巨額の収益が得られるだろう。しかし、それはもっと先の話だ。グーグルの資料によると、2016年の12月期（9～12月）において、広告料収入が224億ドル、その他の収入が34億ドルだ。86・8％を広告料収入が占めている。

広告料収入の減少は、グーグルやフェイスブックなど、広告料収入に大きく依存しているGAFA企業の存立に、本質的な影響を与える可能性がある。

第5章 ユニコーン企業は次の勝者になれるか

1　ユニコーン企業とは

GAFAのつぎに来る企業群

技術の革新とビジネスモデルの改革は、GAFAで止まったわけではない。それらに続く新しいスタートアップ企業群が、すでに登場している。それが「ユニコーン企業」だ。

これは、株式公開をしていない未公開企業で、企業価値が10億ドルを超える企業のことである（未公開企業であるため、時価総額というものはないが、マーケットでの評価がこのようになっている）。

「ユニコーン」というのは、一角獣のことだ。一角獣は、夢の中にしか現れない幻想的な動物なので、「夢のような企業」という意味で、こう呼ばれる。

2013年には、ユニコーン企業は、シリコンバレーを拠点とする企業を中心として39社しかなかった。しかし、その数は、その後急速に増加している。

ユニコーン企業については、いくつかのリストがある。そのうちの1つである『ウォール・ストリート・ジャーナル』の The Billion Dollar Startup Club を見ると、2018年

1月時点で、世界に169社のユニコーン企業がある。

第4章で見たアップルやグーグルの成長は、20年ぐらい前から起きていることだ。似たような大きな変化が、いまも起きていることになる。

ユニコーン企業の数がこのように増えているのは、新しい技術やビジネスチャンスが払底しておらず、むしろ続々と登場していることを示している。ユニコーン企業の事業分野についてはあとで述べるが、さまざまな意味において、ユニコーン企業はビジネスモデルと技術の最先端を切り拓きつつある。

これからの社会の技術やビジネスモデルは、第2章で見た産業革命型の大企業によってではなく、第4章で述べたGAFAをはじめとする企業と、この章で述べるユニコーン企業とのインターラクションによって開発されていくだろう。

第6章で述べるように、AIやブロックチェーンの技術も未来社会に大きな影響を与えるが、それは少し先のことである。近い将来については、ユニコーン企業に影響されるところが大きいと思われる。

だから、今後の経済社会の方向を知るには、ユニコーン企業の動向に注目することが必要だ。

ユニコーン企業は、アメリカの大学生の就職先としても人気を集めている。２００８年のリーマンショックの前には、アメリカの学生の就職先として最も人気があったのは、ウォール・ストリートの金融機関だった。ほんの少し前まではＧＡＦＡだった。しかしいま、そのトレンドは変わっている。

優秀な学生がハイテク企業に職を求める。しかも、すでに大企業になってしまったＧＡＦＡではなく、ユニコーン企業のような将来性のある企業が人気を集めている。異動や昇進のスピードが速いことが魅力と考えられ、大企業を辞めた若者も入社してくる。

伝統的企業との逆転現象

いくつかのユニコーン企業は、すでに同分野の伝統的企業を追い抜いている。

まず、ライドシェアリング（自動車の配車サービス）の分野にUberというユニコーン企業がある。『ニューヨーク・タイムズ』の報道によると、２０１７年７月の１日あたりの平均乗車回数は、従来のタクシーであるイエローキャブが27万７０００回だったのに対して、Uberが28万９０００回だった。このように、ニューヨーク市では、従来型タクシーよりもUberの利用のほうが多くなっているのである。

民泊サービス（自宅などを宿泊施設として提供するサービス）のAirbnbは、17年8月、同社が運営する情報サイト「Airbnb Citizen」で全世界での登録物件数が400万件を突破したと発表した。これは、巨大ホテルチェーンであるマリオット・インターナショナル（115万室）やヒルトン（79万室）、インターコンチネンタル（72万室）の合計総客室数を大きく上回る数だ。

ただし、ユニコーン企業は、必ずしも営業利益が大きいわけではない。実際、Uberは赤字を出し続けていると言われる。

資本がいらない資本主義

ユニコーン企業の事業はさまざまであり、一概にまとめることは難しい。本章の2で述べるように、UberやAirbnbはシェアリングエコノミーで新しい可能性を拓きつつある。シェアリングエコノミーの分野のユニコーン企業は、他にもある。また、3で述べるように、フィンテックの分野にも多くのユニコーン企業がある。これらは、いずれも、何らかの意味で情報の処理にかかわっている。情報というフロンティアには、まだまだ未開拓の余地があることが、ここからもわかる。

情報を扱う多くの事業で、従来の事業のように工場や店舗などの資本施設は必要とされない。極端なことを言えば、優れたアイディアさえあれば、事業は可能になる。これは、「資本が不要な資本主義」と呼んでもよいものだ。

情報の世界ではそうしたことが可能なのである。だからこそ、ユニコーン企業が可能になったと考えることもできる。もっとも、インターネットやスマートフォンがなければ、こうしたことは実現しなかった。

今後は、AIやブロックチェーンなどの新しい技術が、情報処理の能力をさらに高め、これまでになかった新しい可能性を切り拓いていくことは間違いない。

また、それらが実現する事業体は、従来のように従業員と経営者からなる企業とは性格が大きく異なるものになる可能性がある。それが、第6章の2で述べる「DAC」である。

ただし、これらの実際の経済活動への応用は、まだ始まったばかりであり、どのような新しいビジネスチャンスをもたらすかは、まだ十分にはわからない面がある。量子コンピュータにいたっては、まだ実験段階程度のものであり、実用化にはいたっていない。

ユニコーン企業はどのように資金調達しているか

ユニコーン企業に共通の特徴を見出すことは難しいが、あえて言えば、「未公開」ということである。つまり、株式市場から資金を調達していないということだ。そうしなくても資金を調達できることが重要である。

ただし、ユニコーン企業は未公開なので、具体的にどのような方法で資金調達を行っているのかは、はっきりしない。

GAFAが、潤沢な資金を用いてスタートアップ企業に投資しているという事情が関係しているのかもしれない。また、リーマンショック以降の長期にわたる金融緩和で投資資金がスタートアップ支援に流れているとの見方もある。第6章で述べるように、「ICO」という株式市場にまったく依存しない新しい資金調達手段が生まれていることにも注意が必要だ。

ユニコーン企業は、従来の感覚では、上場予備軍ということになる。しかし、UberやAirbnbのような企業が登場して、巨額の資金を調達し、急速に事業を拡張している様子を見ると、事業拡張のために株式市場に上場する必要は必ずしもないのではないか、との考えが頭をもたげる。

ユニコーン企業は、単なる上場予備軍ではなく、企業の新しい形を示しているのではないかということも考えられる。もしそうであれば、株式市場の存在意義に対して、根本的な疑問が突きつけられていることになるわけだ。

言うまでもないことだが、株式企業は、公開されているほうがよい。広く投資を集めるために、詳しい企業情報が市場に提供されることが不可欠だからだ。しかし、ユニコーン企業の成長によって、上場をしなくとも資金調達できるということがわかった。

上場すれば社会的信用が高まり、優秀な人材を集めるのが容易になるということも指摘される。しかし、UberやAirbnbのような巨大なユニコーン企業が登場して広く知られるようになると、これについての考え方も、変わってきた。

日本では、東芝が上場を維持するために半導体事業を売却しようとしている。このように無理をして上場にこだわる必要があるのかどうか、疑問に思えてくる。上場を維持するために収益性の高い事業を売却してしまうのでは、本末転倒ではないだろうか？

ユニコーン企業はどこにいるか

The Billion Dollar Startup Clubのリストの上位9社を、図表5-1に示す（2018年

図表5-1　ユニコーン企業トップ9社

	企業名	企業価値（10億ドル）	評価日	国
1	Uber	68.0	2016年6月	アメリカ
2	Didi Chuxing	56.0	2017年12月	中国
3	Xiaomi	46.0	2014年12月	中国
4	Airbnb	31.0	2017年3月	アメリカ
5	SpaceX	21.0	2017年7月	アメリカ
6	WeWork	20.2	2017年7月	アメリカ
7	Palantir	20.0	2015年10月	アメリカ
8	Lufax	18.5	2015年12月	中国
9	Meituan-Dianping	18.3	2016年1月	中国

（資料）The Billion Dollar Startup Club

1月現在）。

全体で169社あるユニコーン企業を分野別に示すと、つぎのとおりだ。これを見ると、今後の技術革新がどのような分野で起こるかを探ることができる。

・ソフトウェア　38社（Dropboxなど）
・消費者向けインターネット　41社（UberやAirbnb、Snapchatなど、スマートフォンなどを用いて消費者向けに新しいサービスを提供する）
・eコマース　25社
・金融　17社（オンライン決済サービスを提供するStripeなど）
・ヘルスケア　12社

以上の分野だけで、全体の約77％を占める。これに対して、ハードウェアは10社、エネルギー関係は2社しかない。

したがって、ユニコーンによる技術革新は、ＧＡＦＡの場合とほぼ同じように、情報を中心としたものであることがわかる。

日本にはユニコーン企業がない

ユニコーン企業の国別分布はどうなっているだろうか？

雑誌『フォーチュン』が作成するリストによって国別に見ると、アメリカ１０１社、中国40社、インド7社、イギリス7社、ドイツ5社、シンガポール3社、イスラエル2社、フランス1社などとなっている（２０１７年12月現在）。

ここで注目すべきは、最近では、中国のユニコーン企業が増大していることだ。これについては第7章で述べる。

日本は、この調査ではゼロとされている（次項で述べるメルカリをユニコーン企業とする調査もある）。主要国でゼロは、イタリアと日本だけだ。アメリカや中国とは、比べものにならない。第8章で述べるように、日本における起業率は国際的に見て著しく低い。ここにもその問題が現れている。

GAFAの段階では、もはや勝負がついてしまった。だが、これからの経済・社会を決めていくのは、ユニコーン企業だ。すでに述べたように、現在のところ、ユニコーン企業の数において日本がアメリカや中国に著しく遅れていることは認めざるを得ない。その原因を探り、新しい企業の誕生を促進していくことが、将来の日本の経済にとって重要な意味を持っている。

NEXTユニコーンは日本にも誕生している

では、日本にもユニコーン企業が出てくるだろうか？　これについて、日本経済新聞社が実施した「NEXTユニコーン調査」がある（『日本経済新聞』2017年11月20日付朝刊）。これは、ユニコーンの予備軍の有力スタートアップ企業を調査したものだ。それによると、国内22社が推計企業価値で100億円を超えている。

企業価値首位のPreferred Networksは、「ディープラーニング」（深層学習）で制御技術を開発する。2014年3月設立。推計企業価値は2326億円。17年8月にはトヨタ自動車が約105億円を出資した。

第2位のメルカリは、スマートフォンで操作しやすいフリマアプリの開発で急成長した（フリマアプリとは、インターネット上で個人の出品者が設定した値段で売ることができるアプリ）。13年2月設立。推計企業価値は1479億円。同社は、海外のユニコーン調査で、すでにユニコーン企業とされている場合がある。

第3位のSansanは、クラウド型名刺管理サービスを手掛ける。07年6月設立。推計企業価値は505億円。17年11月に、ゴールドマン・サックスが出資を決めた。「当面の利益よりも長期の成長を重視する米ネットビジネス流の事業モデルが評価され、投資資金を引き寄せている」と日本経済新聞は評価している。

なお、調査対象企業の3割超に当たる37社が、創業5年以内。83％が上場を考えていると答えた。

2 シェアリングエコノミーでのユニコーン

拡大するシェアリングエコノミー

Uber や Airbnb などのユニコーン企業は、シェアリングエコノミーという分野で、新しいタイプの経済活動を切り拓きつつある。

「シェアリング」とは、耐久消費財や資本ストックを「所有し、個人だけが利用するのでなく、複数の人々が利用する」ことだ。

こうしたものは、昔からあった。その典型例として、ホテルやタクシーがある。これらはシェアリングサービスの一種と考えられる。このようにシェアリング自体は、別に新しいものではない。最近では、例えば、時間貸し駐車場サービス会社のタイムズが提供する、車のシェアリングサービスもある。

ただし、こうした古典的シェアリングの場合、サービスの供給者は、それを専門的に行う業者だ。現在起こっている変化は、サービス供給者の範囲が個人へと広がることだ。

さまざまな新しいシェアリングエコノミーは、スマートフォンのアプリを中心にして展開している。それが、人々の日常の行動パターンを大きく変えようとしているのだ。

ライドシェアリングのUber

Uberは、ハイヤー・タクシーの即時手配サービスだ。スマートフォンに行き先を入力すれば、近くにいる車の配車時間や、料金の目安が示される。支払いもクレジットカードで自動決済され、言葉が通じない国でも、タクシーを簡単に利用できる。

タクシー側にもメリットがある。空車で無駄な流し運転をする必要がなくなるので、稼働率を引き上げられるからだ。このサービスは、ライドシェアリングと呼ばれることもある。

Uberは、トラヴィス・カラニックが2009年にサンフランシスコで始めた。世界54ヶ国、250以上の都市でサービスを実施している。未上場だが、16年6月の企業価値の評価額は、680億ドル（約7・7兆円）に達している。

7・7兆円の時価総額の企業というと、日本のタクシー会社どころではない。ANAやJALを遥かに上回っている。それどころか、ついこの間まではJR東日本と同じぐらいだと言われていたが、いまでは、JR東日本を遥かに抜いている。日本で時価総額が

Uberを超える企業は、トヨタ自動車など十数社しかない。

民泊サービスのAirbnb

Airbnbは、空き部屋などを持つ宿泊場所の提供者（ホスト）と、宿泊場所を探している旅行者（ゲスト）をつなぐインターネット上のプラットフォームだ。

目的地の都市名を入力すると、ゲストを迎え入れたいホストの物件写真と顔写真が示される。物件は、一軒家やアパートの空き部屋が多いが、エアベッド、共用スペース、城、クルーザー、荘園、ツリーハウス、テント、イグルー（イヌイットの雪の家）、個人所有の島などもある。

Airbnbは、2008年8月、ジョー・ゲビア、ネイサン・ブレーカージク、ブライアン・チェスキーがサンフランシスコで創業した。17年3月での評価額は、310億ドル（約3・5兆円）。Airbnbが発表した17年6月1日から8月31日までの宿泊予約集計データによると、Airbnbを利用した旅行者は世界全体で延べ約4500万人。8月12日には同社史上過去最高の260万人が宿泊利用した。

3 フィンテックでのユニコーン

フィンテックとは何か

ユニコーン企業が多いもう1つの分野が、フィンテックである。

フィンテックとは、IT（情報通信技術）の金融への応用である。送金・決済、貸付業務、投資アドバイスなどの分野に、さまざまな新しいサービスが登場している。

フィンテックの第1のカテゴリーは、送金・決済だ。スマートフォンの利用拡大に伴って、さまざまな新しいサービスがスマートフォン上で提供されるようになった。

まず、送金サービスがある。これは、個人や企業がインターネットを通じて料金を受納する方式だ。次項で述べるPayPalがその先駆だが、その後、Stripeなどいくつかのサービスが登場した。Stripeの企業価値は、2016年11月で、92億ドル（約1兆円）である。

また、現実の店舗におけるクレジットカード決済を簡単化するサービスもある。従来の方式では店にカードの読み取り機を備える必要があるが、これをスマートフォンやタブレットを用いて行うものだ。例えば、Squareなどがある。

フィンテックの第2のカテゴリーは、貸付業務だ。これまでは、銀行が預金を集めて企業に貸し出しをしていた。それと同じような事業を、インターネットを通じて行う。こうした事業は、「ソーシャルレンディング」と呼ばれる。

この分野にLendingClubというユニコーン企業があった。２０１４年12月にニューヨーク証券取引所に上場して、時価総額が日本円で約１兆円になった。１兆円というのは、日本の金融機関では横浜銀行と同じぐらいだ。

第3のカテゴリーは、保険だ。例えば、個人の運転状況のデータを車につけたセンサーから収集し、それに合わせて保険料率を個人ごとに決める自動車保険などが考えられている（こうした保険は、「テレマティクス保険」と呼ばれる）。このほかにも、ビッグデータの活用による新しい保険が考えられている。

第4のカテゴリーは、ＡＩとビッグデータを用いることにより、投資アドバイスを行うものだ。

PayPalの時価総額は日本のメガバンクを超える

フィンテックの先駆け的な存在は、１９９８年に設立されたPayPalである。すでに上場しているので、ユニコーン企業の範疇《はんちゅう》には含まれないが、注目すべき企業だ。

これは、送金のサービスだ。インターネットで買い物をして送金する場合、通常使われる手段はクレジットカードだ。しかし、これには、カードの番号が知られると悪用される危険がある、送金コストが高いなどいくつかの問題がある。PayPalはこうした問題を解決するためのサービスとして生まれた。

このシステムによれば、従来の方法より送金コストを安くすることができる。またPayPalが送金を仲介するため、ショップにクレジットカードの番号を知られることがないなどの利点がある。

同社は、その後ネットオークション・サイトであるeBayに買収されて、その子会社となった。2015年7月に独立してIPOを行った。その時の時価総額が、約500億ドル、つまり約6兆円となったのである。これは親会社のeBayの時価総額を超えるものであった。時価総額が6兆円と言えば、日本ではみずほフィナンシャルグループと同程度の額だ。

情報技術の活用で金融が大きく変わる

金融はもともと情報を扱う産業だが、これまで規制が強かった。

とりわけ、強かったのは参入規制だ。送金業務や貸付業務は、従来は銀行しか行うことができなかった。しかも、銀行の免許を得るのは、きわめて大変なことである。新しい技術が開発されたとしても、それを業務として行うことができない状態であったわけだ。

しかし、ファンテックの急速な発展によって、こうした状況が大きく変わろうとしている。このことは本章の最後でもう一度触れたい。

なお、以上で述べたシェアリングエコノミーやフィンテックは、従来型の情報技術を用いるものだ。

これに対して、従来の情報技術とはまったく異なる技術に立脚している「ブロックチェーン」という技術が急速に台頭しつつある。ブロックチェーンは、シェアリングエコノミーやフィンテックに限らず、多くの分野において、従来型の技術を代替すると考えられる。

これについては、第6章で述べることとする。

4 ユニコーン企業は社会構造をどう変えるか

新しいサービスが生む就業機会

ユニコーン企業が用いる技術は、多くの場合、従来型の技術だ。しかし、社会の構造に挑戦していることが重要だ。

その第1は、新しい雇用機会を創出することだ。例えば、シェアリングエコノミーについて考えてみよう。シェアリングによって資本ストックの有効活用が進むのは事実だが、それと同時に、人的資源についての有効活用が進む。それは、所得獲得の新しい機会を生み出す。

新しいサービスは、一見したところ、現在の就業機会に破壊的な影響を及ぼすと考えられるかもしれない。例えば、Uberは、タクシー会社の運転手にとって敵と考えられるかもしれない。

しかし、実際には、運転手に新しい可能性を与えつつあるのだ。実際、アメリカでは、それまでタクシー会社に雇われていた人が、独立してUberに登録するというケースが増えているという。それによって所得が増加するからだ。

フリーランサーの時代が来る

タクシー会社の例と同様に、アメリカでは、組織を離れて働く「フリーランサー」が増えている。情報技術が進歩した結果、仕事の進め方に関する自由度が高まり、1ヶ所に集まって仕事をする必要性が薄れたからだ。高度の専門家について、とくにこのことが言える。こうした仕事を斡旋《あっせん》するためのスマートフォンのアプリもある。

これまでフリーランスと言えば、農業や小売業などが主だった。最近の特徴は、それが高度な専門家に及んでいることだ。

*FREELANCING IN AMERICA: 2017*というレポートによれば、アメリカにおけるフリーランサーの数は、5730万人だ。これは、アメリカの労働人口の35・8％になる。このレポートは、2027年には、フリーランサーが8650万人で、50・9％と過半を占めるだろうと予測している。

ダニエル・ピンクは『フリーエージェント社会の到来――「雇われない生き方」は何を変えるか』（池村千秋訳、ダイヤモンド社、2002年）において、人々は、組織から離れ、独立自営業になり、肉屋と燭台《しょくだい》職人の時代になるだろうとした。
これは、まさに、工場制工業出現以前の社会だ。それが現実のものになろうとしているのである。

規制は無用になりつつある

ユニコーン企業と社会の構造に関する第2の側面は、規制の必要性に関連するものだ。市場の役割は需要者と供給者を結びつけることだが、それがうまく機能するためには、提供される財やサービスについての情報が得られる必要がある。

アダム・スミスが市場の効率性を論じた時の大前提は、それらの情報が得られるということだ。しかし、現実には、サービスの供給者はサービスの質についての情報を持っているのに対して、需要者は持っていないことが多い。

例えば、タクシー乗り場で乗ろうとする時、これから来る車の運転手が優良運転手か悪質運転手なのかは、客にはわからない。あるいは、初めて行く土地で泊まるホテルが快適かどうかは、予約する時点ではわからないことが多い。

利用者はサービス内容について十分な事前情報を持たないから、規制当局が介入して、一定の資格を持つ者だけがサービスの提供者となることを認める。これによってサービスの質を一定に保とうとしたのである。

一方、Uberでは、利用者がタクシーの運転手に関する情報を得ることができる。利用者がただちに運転手のサービスを評価し、それをフィードバックする。そうした情報はスマートフォン上に表示されるので、次の利用者はそれを参照しながら、タクシーを選ぶことができる。Airbnbの場合も同じである。このようにして、消費者保護のための規制が無用になっている。

なぜ規制緩和が難しいか

日本でシェアリングエコノミーが発展しない理由としては、さまざまなことが考えられるが、大きな原因はこの規制である。

ライドシェアリングに関しては、道路運送法によって、許可のない人が自家用車を使って、有償で人を送迎することは禁止されている。許可なく行うと「白タク行為」とみなされる。旅館については旅館業法がある。

これまでこうした分野に対して規制が行われていたのは、右に述べたように、市場の情報が不完全であることから、消費者保護のためにサービスの水準を維持するには規制が必要と考えられたことによる。しかし、その状況が、スマートフォンが普及し、シェアリングのアプリが登場したことによって大きく変わろうとしているのである。

参入規制は、消費者保護を名目としてうたいながら、実態的には既得権益を保護するためのものになっている場合が多い。こうした規制が、新しい産業の発展を阻《はば》んでいるのだ。これらは、「岩盤規制」と言われるものだ。参入規制の緩和は、既得権集団との直接の利害衝突を引き起こすので、きわめて難しい課題だ。

政府は、徐々に規制緩和の方向を探り始めている。しかし、さまざまな制約が加えられており、完全な規制緩和には程遠い。

ライドシェアリングが日本では進まず

とりわけライドシェアリングに対する反対は強い。日本では、「全国ハイヤー・タクシー連合会（全タク連）」が2016年6月の通常総会で、ライドシェアリングを断固阻止する決議を採択した。バス業界でも、日本バス協会がライドシェアリング問題でタクシー業界と連携を強化することを申し合わせている。

Uberは12年日本に進出し、Uber Japanとしてタクシーやハイヤーを配車するサービスを展開したが、ライドシェアリングについては進まない。

15年2月、福岡でUberがサービスの運用試験を行った。しかし、国土交通省から、道路運送法違反とされ、実験中止の指令が出た。16年2月に、富山県で無償ボランティアの自家用車で運ぶとの実験が発表されたが、地元タクシー会社の反発のため、撤回に追い込まれた。

Uber Japanは、16年5月から、京都府京丹後市で地元のNPO法人と連携して有料配車サービス「ささえ合い交通」を開始した。これは、「公共交通空白地域」に適用される道路運送法上の特例として認可されたもので、地元住民がドライバーとなって、乗車を希望する人を自家用車で送迎する。

同市では8年前、町のタクシー会社が廃業したことから、地域住民や観光客の足を確保するため、ライドシェアリングを開始したのだ。料金もタクシーの半額程度。平均利用回数は月60回以上。スーパーや病院、役所などへの日常的な利用が多く、利用者には好評だと言われる。

民泊の規制緩和はどうなるか

民泊については、東京と大阪で「民泊条例」が施行され、国家戦略特区に指定されている市区町村において、旅館業法の例外として一般住宅に旅行客を泊めることができるようになった。しかし、「最低宿泊日数6泊7日」という制約が課されたので、参入申請数は限定的だった。

2017年に「民泊新法」（住宅宿泊事業法）が成立して、一定の制約のもとに実行してよいことになった。新法が施行されれば、どこでも営業が可能となる。住宅専用地域でも営業ができる。また、宿泊日数制限もない。

ただし、本当の規制緩和なのかは、疑問が残る。とくに問題は、営業日に対する規制だ。「営業日は上限180日」と制限するとされる。自治体によっては、これより短い日数を限度にするかもしれない。

フィンテックが伝統的金融業に挑戦

すでに述べたように、金融業における規制もきわめて強い。とくに、参入規制が厳しい。このため、規制が新しい事業展開を妨げる場合も多い。技術的に可能であっても、規制によって実現できないというケースが少なくない。

これは、日本に限らず、どの国でも似たような事情である。このため、ＩＴの著しい進歩にもかかわらず、金融業は、これまであまり大きな影響を受けなかった。

しかし、この状態をフィンテックが変えている。すでに、新しい金融サービスは、既存の金融機関の機能の一部を代替する存在となってきている。金融業界における競争は、従来は基本的には金融機関同士の競争だった。しかし、フィンテックが進むと、競争環境が一変する。

アメリカのコンサルティング会社マッキンゼーは、「マッキンゼー・グローバル・バンキング・アニュアル・レビュー」の２０１５年版で、フィンテックが金融機関の利益を大きく減少させるとの分析を発表した。このレポートは、欧米では衝撃をもって受け止められた。

それによると、銀行のモーゲッジ貸付（住宅ローン）以外の消費者向け貸付（クレジットカード、自動車ローンなど）の分野で、今後10年間で利益が60％減少し、売り上げが40％減少する。また、送金、中小企業への貸し出し、および資産管理の分野では、利益が10％から35％減少する。

こうしたことが生じる大きな原因は、これらのサービスを提供するコストが下がることだ。そのため、ＩＴ企業は、低い価格で利用者にサービスを提供できる。こうして、利益率が最も高い部分をＩＴ企業がとってしまうという「クリームスキミング現象」が起きるのである。

ＩＴベンチャー企業が銀行に代わるか

では、金融業界においてもＩＴベンチャー企業が成長し、銀行に取って代わるようなことになるのだろうか？　こうなるかどうかについては、見方が分かれる。

金融分野でのベンチャー企業の成長には限度があるとの意見もある。その理由は、金融業においては、やはり依然として規制が強いことだ。この見解によれば、新しい技術が登場することと、それが業界の構造を変えることとは、原理的には別である。

これまでのＩＴでは、この2つが同義だった。例えば、ウェブでのショッピングが可能になり、いくつかの分野でウェブショップが従来の店舗に取って代わった。しかし、金融の場合には、これと事情が違う。銀行は社会的に非常に強い勢力だ。また、規制のため銀行業には新しい企業が自由に参入することはできない。

さらに、銀行がフィンテックに対応して、新しい技術を自ら開発する可能性がある。事実、欧米の金融機関は、新しい動きに積極的に対応しようとしており、そのためにベンチャー企業等への出資・買収などを行っている。

銀行法改正は競争を促進するか

日本でも、2016年5月に銀行法等改正法が成立し、銀行等による金融関連IT企業等への出資要件が緩和された。これまでの銀行法では、銀行は5%、銀行持ち株会社は15%までの出資規制があったが、この規制が緩和されたのだ。

ただし、この改正が経済原理の利用を促進するようなものなのかどうかは、疑問である。銀行は手っ取り早くフィンテックを取り入れるために、技術力のあるフィンテック企業を利用するのでなく、それを買収して、自社内に取り込んでしまうだろう。これは、「アウトソーシングによって問題を市場に任せる」のとは、逆方向の動きだ。改正によって、その動きが加速される可能性が強い。

銀行法は、17年5月にも改正された。これによって、家計簿アプリやクラウド会計ソフトの会社など、金融機関と顧客の間で口座管理や電子送金を仲介する業者を、登録制とすることとされた。

他方で、銀行や信用金庫には、顧客向けに提供している残高照会、取引明細照会、振替、振込などのサービスを、「オープンＡＰＩ（アプリケーション・プログラミング・インタフェース）」として公開する義務が課されることとなった。

この改革のうち、ＡＰＩ公開義務は評価できる。しかし、ＩＴ関連業者の登録制は過剰規制ではないだろうか？　届出制ならまだしも、登録制ということになれば、自由な参入が抑制されることになる。

新興国や途上国では金融は大きく変わる

以上で述べたのは、銀行システムがすでに整備されている社会のことである。しかし、世界には、銀行システムが未発達な地域もある。アフリカ、東南アジア、南米などがそれだ。

これらの地域では、銀行の支店網は大都市を離れればほとんど存在せず、そのため、銀行預金を持つ人の比率は非常に低い。こうした地域では、ＩＴが金融に与える影響は、まったく違う形になる。

ケニアのエムペサがその典型例だ。これは、アフリカのサファリコムが提供する携帯電話を用いた送金サービスだ。エムペサは、ケニアにおける送金事情を一変させた。いま、同種のサービスが、他の発展途上国に広がりつつある。

じつは、中国においても、フィンテックは金融の世界を大きく変えつつある。中国でも、銀行の支店網やクレジットカード利用が発達していなかったので、新しい金融技術が急速に広がっているのだ。これについては、第7章で見ることとしよう。

第6章 未来を拓くＡＩとブロックチェーン

1　AIは何を可能とするか

ディープラーニングで急激に進歩するAI

ユニコーン企業の次の段階の事業体として、人工知能（ＡＩ）やブロックチェーンを用いる新しい事業体が、水平線上に姿を現している。それらは、われわれの生活と社会の構造をどう変えてゆくだろうか？

注目すべき未来技術の第1は、ＡＩだ。

ＡＩとは、自動学習能力を持つコンピュータである。データを取り入れることによって、認識能力や判断能力を自動的に向上させる。これによって、パタン認識など、これまでコンピュータが最も苦手としていた分野の能力を飛躍的に向上させることができる。

自動学習には、「ニューラルネットワーク」（神経系ネットワーク）という機械学習の手法が用いられる。これは、「ディープラーニング」（深層学習）とも呼ばれる。

もともとは人間の脳の学習プロセスを分析するために開発されたものだが、２０００年代になってから、「ビッグデータ」と呼ばれる大量のデータが容易に入手できるようになったため、ＡＩの能力向上に用いられるようになった。

ビッグデータは、人々がＩＴ機器をさまざまな機会で多用するようになったために、入手可能になったデータだ。とりわけ、スマートフォンを用いるようになったことの影響が大きい。

われわれは、毎日、検索をし、ウェブページを閲覧し、メールで連絡している。そして、頻繁にウェブ店舗で購入している。それらの記録は、すべて収集され蓄積されて、ビッグデータになっている。それだけではない。スマートフォンの通話記録も位置情報データも蓄積され、用いられている。

ＡＩはすでに実際に使われている

ＡＩは、すでにわれわれの身近にある。つぎのような場面で、実際に使われているか、近い将来に実用になる。

・自動運転　ＡＩは、ルンバ等の掃除ロボットで、すでに実用化され、生活の中に入っている。近い将来には、自動車の自動運転も可能になる。タクシー、バス、トラックは無人になり、社会に大きな影響を与える。事故が起きた場合の責任の所在などを巡って、法体系との整合性も問題になる。

・**ビジネスへの応用**　人々の行動を分析し、それによってお勧め（レコメンデーション）を行うこと、コンビニなどの販売戦略を策定すること、映画のシナリオから興行成績を予測すること、そこからさらに進んでシナリオの改良を示唆すること、などがすでに行われている。また、ＡＩによる投資コンサルティングも試みられている。

・**検索などにおける活用**　セマンティック検索や音声認識の利用が可能になっている。

・**創造的な分野での活用**　作曲や、報道記事の作成などが試みられている。

・**軍事利用**　ロボット兵士やドローンなどに使われている。ただし、軍事に関する技術のため、どこまで進歩しているのか、よくわからない面がある。

・**研究開発**　ゲノム分析やガン、糖尿病の治療法の開発などへの応用が試みられている。物理法則を発見しようとする試みもある。

以下では、これらのうち、われわれの日常生活に直接に関連する主要なものを見よう。

パタン認識① セマンティック検索

「セマンティック検索」とは、検索エンジンが検索語の意味を理解し、そこから検索者の意図を推察して求められているものを表示することだ。

これまでの検索は、キーワード検索だった。これは、入力したキーワードが含まれているウェブページを表示する方式である。このため、検索者の意図には合致しない結果が表示される場合も多かった（ただし、「パーソナライズ検索」という機能があり、それまでの検索履歴を参照して、個人個人の要請により近い結果が得られるようになっている）。

検索エンジンが検索語の意味を理解できるようになると、検索者の意図に沿った結果を示すことができるようになる。

簡単な例で言えば、スマートフォンにアラームのセットを頼む場合、話し方は、決まった形式のものでなくても構わない。「7時にアラーム」と言っても、「8時間後に目覚まし」と言っても、「7時に起こして」と言っても、コンピュータは同じ意味であると理解する。

路線の所要時間検索の場合もそうだ、出発点と終着点さえきちんと言えば、あとの表現はかなり自由にすることができる。

これは、コンピュータがキーワードを認識しているのではなく、話している人の意図を理解していることを意味する。つまり、単なるキーワード検索ではなく、セマンティック検索に対応する技術が用いられているわけだ。

もっと複雑な場合のセマンティック検索への対応は決して容易な課題ではないが、それも、ＡＩによって急速に進歩している。

パタン認識②　飛躍的に向上している音声認識

音声認識はパタン認識の一種だが、これはきわめて難しい技術である。

パタン認識は、コンピュータが人間に比べて最も劣る分野であるとされてきた。５年前でさえ、この技術は、実用的にならなかった。だが、ＡＩを用いることにより、音声入力によるパタン認識が実用的になってきた。

アップルのSiriやグーグルの音声認識が有名だ。アップルスピーカーやグーグルスピーカーなどにも応用されている。

こうした機能は、すでにわれわれの身近な生活を変えている。スマートフォンでの検索では、すでに多くの人が音声検索に頼っているだろう。これによって、これまでキーボードを使えなかった人も、ＩＴ機器を使えるようになる。

文章の書き方も大きく変わる。これまでキーボード入力より早く入力できる手段はなかったが、音声認識機能をうまく使うと、もっと早く入力できる場合が多い。

実務への応用も進められている。『日本経済新聞』（２０１７年12月19日付）によれば、三井住友海上火災保険は、コールセンターの顧客対応でＡＩを活用した自動音声認識システムを導入した。顧客の問い合わせを文章に変換し、１万件超の回答事例などから最適な答えを瞬時に導き出すことによって、応答時間を従来の方法より２〜３割ほど短縮できるという。

パタン認識③　図形認識

パタン認識技術の発達によって、図形の検索もできるようになってきた。

これも、コンピュータが最も苦手な分野だった。例えば、男と女の写真の区別ができなかった。こうした状態だったので、ウェブショップでの商品の写真は、人間が区別していたのだ。これは、大変な作業だった。

また最近では、図形を検索できるようになったため、類似のデザインを容易に発見できるようになった。

図形認識に関しては、東京オリンピック・エンブレム問題が大きな騒ぎになったことも記憶に新しい。

レコメンデーションとその発展

「レコメンデーション」とは、コンテンツに関するさまざまなデータと個人データを突き合わせることによって、その人が望んでいるコンテンツを紹介することである。

アマゾンのウェブページで目当ての書籍を選択すると、そのページの下のほうに「よく一緒に購入されている商品」「この商品を買った人はこんな商品も買っています」という見出しとともに、いくつかのほかの書籍が表示される。これは、「協調フィルタリング」と呼ばれる手法を用いたビッグデータ活用法の1つだ。

ただし、これは、書籍の内容を見ているわけではない。類似の人の行動を参考にするだけだ。本当に求めているものを勧めるには、中身を見ることが必要だ。こうしたシステムの構築は大変難しい。

しかし、動画についてはすでにそれが始まっている。ネットフリックスの個人向けレコメンデーションがその代表例だ。このレコメンデーションは、内容を参照している。

映画の興行成績を予測

映画について、シナリオから興行成績を予測することが可能になってきている。Epagogixという企業は、未公開映画の脚本から映画の興行成績を予測するアルゴリズムを開発した。映画の製作費は巨額だ。映画製作コストは、1本あたり平均6000万ドルにもなると言われる。しかも、成功するかどうかわからず、リスクが高い。したがって、予測は不可欠だ。

2004年に、Epagogixがある大手映画会社の未公開映画の脚本9本を解析した。映画が全て公開され興行が終了したあと、収入予測と実際の結果とを比べたところ、9本のうち6本について、Epagogixの予測が的中していた。いまでは、Epagogixは、映画会社が映画製作を決定する際に、不可欠の存在となっている。

Epagogixは、収益予測の結果にとどまらず、脚本作りのアドバイスまで行うようになった。この方法を映画以外に用いれば、新商品やサービスの開発を効果的に行うこともできるだろう。

「ヒット・ソング・サイエンス(HSS)」という音楽評価のアルゴリズムは、メロディ、ビート、テンポ、リズム等々を解析することによって、曲のヒット可能性を予測する。2002年、HSSは、当時無名だったノラ・ジョーンズのデビューアルバムについて、大ヒットの要素があると判定した。このアルバムは、1000万枚を超える大ヒットとなった。

「ペコタ」と呼ばれる選手評価システムは、野球の若手選手の発掘に用いられている。野球選手については行動履歴のこれまでの詳細なデータが揃っているため、それらを使って将来成長する選手を発見するのだ。すでに、プロのスカウト並みの実力だという。

発明や創造の分野にもAIが入ってくる

人々は、アルゴリズムに発明や創造や高度の判断はできないと考えている。しかし、こうした考えは危険な思い込みであることが明らかになりつつある。

芸術は、これまでコンピュータの力が及ばない領域だと考えられていた。経営の基本戦略策定もそうだ。それらは、経験を重ねてきた人々の直観的な判断によって行われるものとされてきた。しかし、そうした分野にもコンピュータが入り込んできた。

カリフォルニア大学の名誉教授デイヴィッド・コープは、「エミー」を作った。これは、バッハの曲を学習データとして使用し、新しい曲を生み出すアルゴリズムだ。

ジェイムス・バラット『人工知能――人類最悪にして最後の発明』（水谷淳訳、ダイヤモンド社、２０１５年）によると、オートメイテッド・インサイツ社の自動出版プラットフォームは、１年間に10万件のスポーツ記事を作成する。試合が終了してからわずか数分間で記事を作成できる。その後の報道では、同社のＡＩは、１秒間に２０００本の執筆が可能で、２０１４年に作成した記事・リポートは10億本にも及ぶという。

ＡＰ通信は、オートメイテッド・インサイツ社の技術を、企業決算記事の原稿で採用した。また、ワシントン・ポストは、リオデジャネイロ五輪で導入した。

マーティン・フォード『ロボットの脅威――人の仕事がなくなる日』（松本剛史訳、日本経済新聞出版社、２０１５年）によると、人工知能エンジン「クイル」は、30秒ごとに新しいニュース記事を１本配信する。また「ユリイカ」は、ほんの数時間で、振り子の運動を説明する物理法則を導き出した。

コンピュータが反逆する？

以上は、ＡＩを利用して仕事の効率を上げようという試みだ。しかし、ＡＩが武器として使われることもある。

2010年7月、イランの原子力発電所のコンピュータ約3万台が、「スタックスネット」と呼ばれるマルウェアに感染していたことがわかった。これは、AI的ウイルスだ。原子炉が制御不能に陥り、暴走するおそれがあった。急激な停止と始動を繰り返させて金属疲労を起こさせたと推測されている。AIを用いるサイバーウォーは、すでに現実のものとなっているのだ。

現在のところ、AIは人間の命令にしたがって仕事をするものと想定されている。しかし、情報技術が極限まで進歩すると、コンピュータが反乱を起こす可能性もある。

SF映画「2001年宇宙の旅」では、AIが反乱を起こす。「トランセンデンス」では、量子コンピュータが人間を支配しようとする。「ターミネーター」では、AIが指揮する機械軍と人間との戦争が起こる、等々。

これらは、映画の話だ。しかし、現実にそうしたことが起きるだろうという意見もある。これは、「シンギュラリティ」(技術的特異点)という現象だ(マレー・シャナハン『シンギュラリティ――人工知能から超知能へ』ドミニク・チェン監訳、NTT出版、2016年)。

シンギュラリティが起こると、われわれが理解しているような人類のあり方が終わりを告げるほどの劇的な変化が生じるという。

そして、機械の自己保存欲求によって、ナノテクノロジー（原子スケールの工学）を駆使し、人間を脅かすために、電力、上下水道、金融システムなどのインフラを制御するという。

2　ブロックチェーンは何を可能とするか

ブロックチェーンの登場

注目すべき未来技術の第2は、ブロックチェーンだ。

ブロックチェーンとは、電子的な情報を記録する仕組みである。一定期間の取引情報などをブロックと呼ばれるまとまりに記録する。それが時間的につながっていくので、ブロックチェーンと呼ばれる。

コンピュータの集まりが運営する、いったん記録した情報を改竄《かいざん》できないような仕組みになっているため、そこに記録されている情報は正しいものと信頼できる。このため、通貨などの経済的に価値があるものを、インターネットを通じて送ることができる。

これまでであれば、通貨などの経済的な価値の移転は、銀行などの中央集権的主体が管理してきた。そして誤った取引や不正な取引がないことをチェックしてきた。

このために、大変な人力とコンピュータサービスが必要になり、多大なコストがかかっていた。だが、経済的な価値を仲介者なしに地球上の任意の相手に送ることができれば、世界は大きく変わる。そのことがいま、ブロックチェーン技術によって実現されようとしている。

ブロックチェーンの登場は、情報の通信においてインターネットが登場したことと似ている。それまでの情報通信は、電話や郵便のように中央集権的な管理主体が存在し、情報伝達を仲介する役割を担っていた。そのため、コストがかかる仕組みであった。

ところが、インターネットによってこの状況が大きく変わった。インターネットには中央集権的な管理主体が存在せず、直接に情報を世界中の誰にでも送れる。このため、コストが著しく低下した。

だが、インターネットでは、経済的な価値を送ることはきわめて困難だった。まったく不可能というわけではなく、例えば、「アマゾンで本を買う時に、クレジットカードの番号を送って決済する」というようなことは、行われてきた。しかし、これは特殊な例だ。

まず、相手がアマゾンという大企業であるからという側面がある。相手が名も知らぬ業者であれば、人々はクレジットカードの番号を送らないだろう。また、アマゾンとの通信は、暗号で保護されていて、情報が漏洩《ろうえい》する危険はない。これは「SSL認証」と呼ばれる仕組みを用いるものだが、この認証を得るにはかなりのコストがかかる。

このように、インターネットは情報を送れる仕組みではあったが、経済的な価値を一般の人々が手軽にやりとりできる仕組みではなかったのである。

ところが、いまはブロックチェーンを用いて、経済的な価値をインターネットで送れるようになったのだ。これによって、組織を信頼する必要がなく、仕組みを信頼すれば足りる社会が実現しようとしている。これを「トラストレスな社会」という。

ブロックチェーンの応用はビットコインだけではない

ビットコインなどの仮想通貨はブロックチェーンの応用の最初のものだ。ここでは、一定期間のすべての取引をブロックチェーンという台帳に報告させ、不正な取引等がないことをチェックする。この台帳は公表されるので、「公開台帳」と呼ばれる。ただし、この作業は特定の組織が行うのではなく、コンピュータの集まりが行う。

ビットコインは、世界のどこにでも送金できる安くて確実な送金の手段として期待されていた。それが広く使われるようになれば、第4章で述べたGAFAなどの巨大企業によるインターネットの支配を崩す可能性があった。

しかし、2017年にビットコインの価格は急上昇し、それに伴って現実通貨表示での送金コストも急上昇してしまった。このため、当初の期待とは異なり、ビットコインは送金の手段としてはきわめて使いにくいものになってしまった。

ただし、この状況は改善することが可能である。いくつかの可能性がある。

第1はメガバンクや中央銀行が仮想通貨を発行することだ。この場合には、送金コストはおそらくゼロに近くなるだろう。

第2は、ビットコインの送金コストを引き下げる技術が開発されることだ。例えば、「ライトニングネットワーク」という技術がある。これは、取引の一部分をブロックチェーンの外で行うものだ。

こうしたことが進展すれば、未来の社会はいまとは大きく違うものになるだろう。

「スマートコントラクト」をブロックチェーンで運営

ブロックチェーンが扱うことができる「取引」の内容は、通貨の取引には限らず、拡張できる。
原理的には、コンピュータが理解できる契約（人間の個別的判断を要せず、あらかじめ決められたルールにしたがって自動的に実行できる契約）であれば、どんな内容のものでも扱うことができる。このような契約は、「スマートコントラクト」と呼ばれる。

さまざまな経済的な取引をスマートコントラクトの形にし、ブロックチェーンで運営することが提案されている。

金融資産のほとんどは、スマートコントラクトの形にして扱える。株式、債券、さらには、デリバティブや信託、あるいは、遺言なども対象となる。ブロックチェーン技術を活用すれば、証券取引や保険、貿易金融、株券の取り扱いなどの既存の金融機関業務が、人間の判断を要せず、自動的に実行できるようになる。

また、特許権や著作権のような知的財産権の証明や、土地登記や結婚証明など公的証明分野での応用が検討されている。映画や音楽などの著作物も、正規版の証明ができるようになる。

エストニアでは、ブロックチェーンによる公証サービスが開始されている。このシステムでは、婚姻・出生・ビジネス契約などの公証サービスを行うことができる。スウェーデン政府は、ブロックチェーンで不動産登記情報を管理する実験を開始した。中国にも、同様のプロジェクト「スマートシティ計画」がある。

「スマートプロパティ」をブロックチェーンで運営

スマートコントラクトを用いて取引できるようにした資産は、「スマートプロパティ」と呼ばれることがある。

仮想通貨がその例だが、右に述べたように、株式、債券などさまざまな資産をスマートプロパティにすることができる。

スマートプロパティにできるのは、金融資産だけではない。自動車や電気製品などの耐久消費財や、土地などの所有権移転をスマートコントラクトの形にしてブロックチェーンで運営すれば、それらのものはスマートプロパティになる。

このシステムが使われるようになれば、所有権の移転のために、現在のような煩雑《はんざつ》な書類作業は必要なくなる。

例えば、レンタカーを借りるのも簡単になる。一定の時間だけ所有権が移るような契約にすればよいからだ。期限がきたら、自動的に所有権が戻り、車のエンジンが動かなくなる。不動産の賃貸もこれで処理できるだろう。家賃を支払わない場合、鍵が作動しないようにする。

実現すれば、経済活動にきわめて大きな影響が及ぶ。それだけでなく、組織や社会の構成原理にも影響が及ぶだろう。

ブロックチェーンの「ＩｏＴ」への応用

ブロックチェーンのいま１つの応用対象は、ＩｏＴ（モノのインターネット）だ。これまでは、ＰＣやスマートフォンなどの情報通信機器がインターネットにつながっていた。その範囲を拡張し、工場の機械、自動車、電力システム、さらには冷蔵庫や洗濯機などの家庭電化製品などさまざまな「モノ」をインターネットに接続し、それらの間で情報交換することによって相互に制御する仕組みがＩｏＴである。

いま、世界の製造業が、ＩｏＴを利用して、従来型のものづくりから未来型のものづくりに向けて進化しようとしている。

日本でもＩｏＴに対する関心が高まっている。しかし、さまざまな機器をインターネットで接続するだけでただちに生産性が上がるわけではない。

これまでのＩｏＴは、電力システムの管理など、付加価値の高い活動に対する応用が中心であった。このため、経済性の検討が十分に行われてこなかった。しかし、ホームオートメーションのような分野にＩｏＴを導入しようとすれば、運営コストが高くては実用にならない。

現在考えられているシステムの多くは、センサーから得られる情報をクラウドに送信し、そこで中央集権的にコントロールするものだ。しかし、このような方法では、コストが高くなりすぎて実用にならないだろう。そこで、ブロックチェーンを用いてシステムを運用することが提案されている。ブロックチェーンを用いれば、情報を非中央集権的に処理できるのでコストが安くなる。

ブロックチェーンのシェアリングエコノミーへの応用

ブロックチェーンのもう1つの応用対象は、第5章で述べたシェアリングエコノミーだ。シェアリングエコノミーにおいて現在注目されているUberやAirbnbは、伝統的技術を用いる仲介組織であるが、これがブロックチェーンによって代替される可能性がある。

現在の仕組みでは、シェアリングエコノミーの多くの場面で、物理的な鍵をやり取りしなければならない。しかし、物理的な鍵を電子的に開閉するスマートロックにすれば、そのやり取りがなくてすむ。

このスマートロックを、ブロックチェーンによって運営しようとする事業が実験的に開始されている。それが実用化されると、アパートの部屋、自動車、自転車、楽器、家庭電化製品などを簡単にスマートプロパティにすることができるわけだ。

このように見ると、現在のシェアリングエコノミーの仕組みは、過渡的なものであることがわかる。

広がるブロックチェーンの用途

以上で述べたもののほかにも、ブロックチェーンを用いるプロジェクトが多数ある。

・**予測市場**　これは、将来の出来事について賭けをする市場だ。Augurなどのサービスが、すでに提供されている。

・**分散型公証サービス**　Factomは、分散型公証サービスを提供する。ブロックチェーンを利用して、ドキュメントの存在証明、ドキュメントの更新プロセスの証明、ドキュメントの更新監査証明などを行う。

・サプライチェーン・マネジメント　物品の流通経路を、生産段階から始まって最終消費段階（場合によっては廃棄段階）にいたるまで、追跡可能とする。ダイヤモンドの履歴追跡サービスがすでに提供されている。

・医療　患者のカルテデータを病院間で共有する。

ICOという新しい資金調達法

これまで、スタートアップ企業の資金はベンチャーキャピタルによって賄われたのちに、IPOという仕組みで、伝統的な金融システムの中で調達されてきた。

ここでは、証券会社、投資銀行、株式市場などの伝統的な仕組みが重要な役割を果たす。IPOは、ベンチャーキャピタルや投資銀行に莫大な収入をもたらす。また、その後の株式の取引は、証券会社に手数料収入をもたらす。

ところが、いま、資金調達の新しい仕組みが発展している。それは、「ICO」（Initial Coin Offering）と呼ばれるものだ。

ICOでは、新しいプロジェクトの開発者（個人や企業）は、株式ではなく、独自に発行する仮想通貨であるトークン（コイン）を売却し、そのプロジェクトの開発費を調達する。支払いはビットコインなどによってなされる。

ブロックチェーン関係のスタートアップの場合、すでにＩＣＯが新しい役割を果たすようになっている。しかし、中には、詐欺《さぎ》まがいのものもある。こうしたこともあり、規制が必要という動きも生じている。しかし、新しい資金調達の仕組みが登場したことは間違いない。

ＩＣＯになると、伝統的な金融システムの外で資金調達が行われることになる。そこでは、証券会社、投資銀行、株式市場などの伝統的な機関の仲介はない。資金の需要者と提供者が直接に結びつくのだ。

すべてのＩＰＯがなくなってしまうわけではないが、ブロックチェーン関連の新興企業については、ＩＣＯがＩＰＯを代替するようになる可能性は高い。これが進展すれば、既存の金融機関にとっての収入が激減してしまう可能性がある。

２０１７年の上半期、ブロックチェーン関連のスタートアップでは、ＩＣＯによる資金調達がベンチャーキャピタルからの資金調達を上回った。

分散型自律組織「DAO」とは何か

ブロックチェーンによって運営される組織は、一般に、「DAO」(Decentralized Autonomous Organization＝分散型自律組織）と呼ばれる。

DAOにおいては、経営者の役割が自動化される。その意味で、AIによって労働者を自動化する「ロボット化」とは別方向の自動化だ。

管理者なしで運営されているビットコインは、DAOの例と考えられる。それは、つぎのような解釈だ。ビットコインの保有者は株主であり、ブロックチェーンへの情報の書き込みを行うコンピュータ（マイナーと呼ばれる）は労働者である。マイナーは、ビットコインシステムを維持するサービスを提供し、報酬を得る。

業務の方法は、ビットコインプロトコルというコンピュータ・プログラムに規定されている（注）。それは、二重支払いを認めない、マイナスの残高からは払えない、分岐したら長いチェーンをとる、等々のルールである。また、マイナーの報酬などもそこに規定されている。

株主である利用者がビットコインを使わなければ、システムは廃《すた》れて駄目になる。だから、利用者がどれだけ買うか、どれだけ売るかが、基本的な意思決定だ。彼らが状況判断に基づく決定をしている。

その決定によって、自分たちが持っているビットコインという株の価値が決まるのである。重要なのは、意思決定しているビットコインの保有者は、世界中に分散しているということだ。

DAOにおいては、経営者はいない。しかし、労働者はいる。ビットコインの場合は、前述のようにマイナーである。資本家もいる。ビットコインであればコインの保有者だ。タクシー会社では、車を保有する人。民宿サービスでは部屋を所有する人だ。彼らは、資本家である。資本家に対して配当を支払う仕組みを持ったDAOがある。これは「DAC」(Decentralized Autonomous Corporation/Company)と呼ばれる。

(注)「プロトコル」とは、複数の者が仕事を確実に実行するための手順を定めた取り決めのこと。ビットコインプロトコルは、初期の開発者たちによって最初に準備された。

完全自動化企業は空想ではない

AIとブロックチェーンによって、完全に自動化された企業が登場する可能性もある。

例えば、自動運転車が、ブロックチェーンを用いるライドシェアリングで利用されるような場合だ。

自動運転車を用いるタクシー会社では、タクシーの運転手はロボットだ。それだけでなく、どのように給油し、夜はどこに駐車するかなどは、スマートコントラクトに書かれていて、ブロックチェーンが運営する。

自動化されたアマゾンでは、商品の分別や輸送はロボットが行う。取引はスマートコントラクトで実行する。

こうしたビジネスモデルは、決して空想上のものではなく、近い将来に実現する可能性がある。

ＡＩやブロックチェーンが広く使われるような時代において、ビジネスモデルや組織のあり方、あるいは人々の働き方がどのようなものになるかは、いまだに具体的な形ではわからないところが多い。

ただ最低限言えるのは、それらは、これまで第４～６章で述べてきた方向の延長になるだろうということだ。産業革命型の組織や社会に戻ることはありえない。

ＡＩは、単純労働だけでなく、人間の知的活動の多くを代替していくだろう。そして、ブロックチェーンは、ある意味では、組織そのものの存在を否定するような変化すら引き起こしてゆくだろう。こうした問題について、次節で考えることとしたい。

3 AIとブロックチェーンで人間の働き方はどう変わるか

AIによって代替される職業

コンピュータは、これまでも人間の知的活動を拡大し、場合によっては代替してきた。AIの発達によって、それがさらに促進されることになる。

この過程において、AIが多くの職を奪っていくことは、間違いない事実である。まず、単純な業務は代替される。付加価値を加えることなく、単に情報を伝達したり、取次や仲介をするだけの機能しか果たしていなかった人は、不要になる。

いまの組織でこのような機能しか果たしていない人は、かなり多いはずだ。『日本経済新聞』（2017年12月28日付）によれば、三井住友海上火災保険は2018年度から、営業部門の職員が手掛ける事務作業のうち9割をAIなどで代替するという。

複雑な仕事であっても代替される。例えば、自動運転が可能になれば、タクシーやトラックの運転手は不要になる。これは、タクシー業界や運送業界に大きな影響を与えるだろう。また、自動運転がきわめて安全に行われるのであれば、自動車保険や運転免許証が不要になることもありうる。

ＩＴ革命の破壊的な影響は、これまでは主として情報産業に限定されていた。しかし、今後は、その影響がもっと広がるだろう。

創造的な仕事も奪われるかもしれない

ＡＩの進歩によって、人間の創造的な活動と考えられてきた分野にまで影響が及ぶ可能性が大きい。

コンピュータは、すでにチェスや将棋では人間に勝っている。２０１１年には、ＩＢＭが開発したＡＩ「ワトソン」が、アメリカのクイズ番組で、人間に勝った。また、17年には、「アルファ碁」が囲碁で人間を打ち負かした。

すでに述べたように、人工知能は音楽の作曲、文章の作成など、これまで人間しかできないと思われていた分野にも進出している。理論を発展させることすらできるようになっている。

『人工知能』の中でバラットは言う。あと数年で、あらゆる類の司書や研究者が、小売店員、銀行窓口係、旅行業者、株式仲買人とともに、失業者の列に加わることになるだろう。そのあとには、医師、弁護士、会計士、コンサルタントなども続くだろう。情報産業で働く人は、銀行の窓口係があっという間にATMに置き換わったことを忘れてはならない。ところが、デジタル革命はすべての産業を情報産業にしている。

このような変化に、人々はどう反応するだろうか？　アルゴリズムに作品の作り直しを指示されたら、監督や脚本家は反発するだろう。そして、「われわれはコンピュータの命令は受けない」と言うだろう。

しかし、アルゴリズムにしたがうことで興行成績が上がるのなら、映画会社は、売れない監督や脚本作家を使い続けるのではなく、ＡＩを使うようになるだろう。そうした潮流を押しとどめようとしても、難しいだろう。

観客の反応はどうだろうか？　ＡＩが作った映画を見るのでは、コンピュータに操られているとして、反発するだろうか？

だが、人間も何かを選択をする場合には、結局のところ、アルゴリズムと同じ方式にしたがっているのではないだろうか？　だとすれば、本質的な違いはないのかもしれない。この問題の決着は容易につきそうにないが、われわれは、すでにそうした世界に入ってしまっているのである。

このような変化に対応できるかどうかが、これから問われることになる。その道は、決してバラ色ではない。

ブロックチェーンも仕事を奪う

ＡＩと同様にブロックチェーンも多くの仕事を奪う。では、ブロックチェーンは、どのような職を奪うのか？

ブロックチェーンは、労働ではなく、管理・経営を代替する。管理者が行っている仕事のかなりは、ルーチンワークだ。だから、そのかなりのものは、スマートコントラクトの形にしてブロックチェーンで自動的に運営することができる。

こうした社会の到来は、決してＳＦでもなく夢物語でもない。意外に早く実現する可能性がある。

このような世界において、人間は一体いかなる仕事をすることになるのだろうか？

そうした社会の中でどのような働き方をしたらよいのか？　「人材育成」というが、どのような能力を持つ人材を育成すればよいのか？　こうした問題を真剣に考える必要がある。

AIやブロックチェーンで価値が上がる仕事は何か

これまでは人間にしかできなかった仕事を、AIやブロックチェーンが代替するようになる。金融が典型的だが、ほかの産業でも、「仲介」の役割を果たしていた人々が、代替されていく。

AIやブロックチェーンに、失業を生むというディスラプターの側面があるのは、やむを得ない。しかし、これはコンピュータと人間の戦いではない。人間がコンピュータをうまく使うことによって、人間でなければできないような仕事に特化していくことは可能である。

それは「人間の仕事が残る」というだけではない。価値がこれまでよりも高まる仕事があるだろう。産業革命によって、それまで人間が行っていた多くの仕事が機械に代替された。しかし、人間の仕事がなくなったわけではない。むしろ、経済活動が促進されて、人間の仕事は増え続けた。

AIについても、同じことが言えるだろう。例えば、文章を書く仕事について言えば、本章の1で述べたように、一定の条件でAIが書くという取り組みが試行されている。

しかし、人間でなければできない仕事は残るだろう。例えば、「なぜか？」という疑問をAIが発することはできないだろう。そして、AIが定型的な文章を書いてくれるようになれば、人間は分析的な作業に集中できるようになる。そして、そうした仕事の価値は向上するだろう。

理論的に考えて、AIにできないことはある。例えば、為替レートの予測や株価の予測はAIにはできない。

また、例えば家具を作る場合、標準的で決まりきった形の家具は、AIと3Dプリンターで作れるようになるだろう。しかし、「手作り家具が欲しい」という需要は残るだろう。残るだけでなく、強まるかもしれない。そして、標準的な家具を簡単に作れるようになれば、手作り家具の価値は高まるだろう。そのような世界においては、手作り家具職人は、材料の購入や販売の手続き、広告などをブロックチェーンのDAOに任せ、自分は家具作りに専念できるようになるだろう。

さらに、残る仕事は、創造的な仕事だけではない。例えば、掃除だ。「何がゴミであるか」を判別するのは、それほど容易なことではない。一見したところ単なる紙切れに見えても、そこに重要なメモが書いてあるかもしれないからだ。

いかにコンピュータが進化しようと、行っているのは演算に過ぎない。判断をするためには、機械学習するＡＩでもデータが必要だ。それは人間が与える。だから、人間は主人であり続けるだろう。

自動化された組織では、人間にしかできない創造的な仕事が労働者の仕事の中心になる。最も人間らしい仕事に専念して、働く喜びを実感できるようになるだろう。

だから、いま必要なのは、人間にしかできない価値のある仕事がなんであるかを考え、それを追求することだ。自分にしかできない価値をいかに生み出すかが、これからますます問われてくる。

これは人類がこれまで長い歴史を通じて求め続けてきたものだ。それが実現される可能性がある。

格差が拡大する

だからといって、問題がないわけではない。人間がＡＩやブロックチェーンをどう使うか、その方法に大きな不確実性がある。とりわけ問題なのは、すべての人がＡＩやブロックチェーンを活用するのか、それともごく一部の人なのか、だ。

ＡＩやブロックチェーンをフル活用して、すべての人の知的能力が高まり、知のフロンティアが広がるのだろうか？　そうしたことにはならず、ＡＩやブロックチェーンを駆使するのはごく一部の人であり、ほかの人々はそれを受動的に受け入れるだけかもしれない。

ＩＴの場合にも、それを使える人と使えない人で生産性に大きな差が生じた。知的な作業においては、パソコンを使えるか否かは決定的な差だ。いま、ＡＩとブロックチェーンについて、同じような問題が起ころうとしている。

この技術を仕事の中にうまく取り入れる人や企業と、取り入れない人や企業の間では大きな差が生じるだろう。次章以降で見るように国と国の間でもそうだ。第3、4章で述べたようにＩＴでは、それが起こった。ＡＩやブロックチェーンがもたらす格差は、それより遥かに大きなものとなる可能性がある。

第7章

中国ではすべての変化が起こっている

1　長い停滞から目覚めた中国

フロンティアを拡大しなかった中国

第2章以降で述べてきた変化は、これまでアメリカを中心として起きていた。しかし、最近、それがアメリカ以外に広がっている。最も注目されるのは、中国だ。

第1章で述べたように、大航海時代の中国の工学技術は、ヨーロッパを上回っていた。そして、ヨーロッパの大航海に先立つ15世紀初頭に、鄭和が率いる大船団が、アフリカ大陸東岸に及ぶ大航海を行っていた。

人類の長い歴史を通じて、中国は世界で最も文明が進んだ、最も裕福な国だった。しかし、大航海時代にヨーロッパに後れをとり、さらに、産業革命以降の大きな流れに対応することができず、世界の流れから取り残されてしまった。とりわけ、清朝末期からの衰退は著しかった。

優れた技術を持っていながら、その後の中国が衰退したのは、中国が官僚機構によって運営される大帝国だったからだ。つまり、社会を構成する基本原理に根本的な問題があったのだ。
第1章で述べたように、中国の皇帝は、古代から「冊封」のシステムをとっていた。このシステムでは、周辺国は中国に使節を派遣して貢物を差し出す代わりに、中国から返礼の品を受け取り、首長が国王の称号を授与される。これによって培われた世界観が、清朝の時代にまで続いた。

18世紀末、イギリスは中国に、この朝貢貿易の原則を撤廃し、自由な貿易を保証する条約を締結させようとした。

イギリスは、直接の貿易交渉では受け入れられないだろうと考え、国王ジョージ3世が、清朝皇帝・乾隆帝の80歳祝賀を名目とした使節団を送った。1792年、イングランドの外交官ジョージ・マカートニーが、ジョージ3世の贈り物を持って、清の宮廷を訪問したのである。

それに対して、清は、三跪九叩頭《さんききゅうこうとう》（三回跪《ひざまず》き、九回頭を下げる）の礼をするよう要求した。マカートニーがそれを拒否したため、条約締結については一切交渉できずに終わった。のちに乾隆帝からジョージ3世に宛てられた手紙では、「わが天子の国はすべてのものを有り余るほど有し、イングランドとの交易の必要はない」と述べられていた。

こうして中国は、世界の進歩から取り残されていったのだ。

世界の歴史は正常化しつつあるのか

ところが、20世紀末になってから改革開放による工業化が成功した中国は、変身した。そしていま、すべての変化が同時に起きている。第2章（産業革命）から第6章（AI、ブロックチェーン革命）までで述べたことが、同時に起こっているのだ。

第1に、工業化によって産業革命的な分野が大進展した。巨大国有企業もあるが、民間企業もある。しかも、第3章以降で述べた新しいタイプの企業も登場している。とりわけ、世界的水平分業の一翼を担う企業であるEMSが発展した。これが第2のカテゴリーだ。つぎに、GAFAに対応する企業群である「BAT」（後述）がある。これが第3のカテゴリーだ。それに加えて第4のカテゴリーとして、次世代を担うユニコーンが成長している。さらに、第5のカテゴリーとして、AIやブロックチェーンに関連する企業がある。

このように、すべてのカテゴリーにおける変化が同時に生じている。混沌と混迷の中から生まれてきた中国企業は、すでに世界経済において無視できぬ地位を占めるにいたっている。

15世紀から500年間の中国の後退は、長い世界史の中では、特異現象だったのだろうか？　そうだとすれば、いま世界の歴史は正常化しつつあるのだろうか？

2　産業革命型企業と水平分業企業の共存

中国の産業革命型国有企業

第2章で述べたように、産業革命によって巨大企業が生まれた。現代の中国では、これらの多くが巨大国有企業になっている。とくに、銀行、通信、鉄道、石油、エネルギー関連、自動車製造などの基幹産業ではそうだ。

これら国有企業は、「フォーチュン・グローバル500」に名を連ねている（第2章）。このリストにあるのは、売上高は大きいが、成熟企業であるため成長率は低い巨大企業だ。世界10位までのリストに、国家電網、中国石油天然気集団、中国石油化工集団という中国の国有企業が入っている。自動車メーカーとしては、同じ国有企業の第一汽車、東風汽車（1969年に設立）、上海汽車がある。

中国の産業革命型民間企業とEMS

中国には、産業革命型の企業であって民間の企業もある。

これらは、日本の高度経済成長時代の初期に登場した企業の中国版である。代表的な企業として、つぎのものがある。

建設機械メーカーのサニー（三一重工）、家電分野のハイアールグループ（海爾集団）、通信機器メーカーのファーウェイ（華為技術）。そして、自動車の民族系メーカーとして、奇瑞汽車（Chery Automobile）、ジーリー（吉利汽車）、BYD Auto（比亜迪汽車）がある。

水平分業の一翼を担う企業も登場している。よく知られているのは、EMSのフォックスコンだ。これは、台湾に本社があるホンハイの子会社である。すでに述べたように、アップルのファブレス化は、フォックスコンのような企業が登場したから可能になった。このようにして中国は、世界の工場としての地位を確立した。

3　GAFAの中国版である「BAT」

中国IT産業を牽引する「BAT」

中国には、シリコンバレー型の企業も登場し、成長している。

中国のIT産業を支配しているのは、バイドゥ（百度、Baidu）、アリババ（阿里巴巴、Alibaba）、テンセント（騰訊、Tencent）だ。これら3社は、アルファベットの頭文字を取って「BAT」と呼ばれる。アメリカのGAFAに対応したものだ。

バイドゥの事業の中心は、検索とAI技術である。これは、グーグルに対応している。

アリババはeコマース。ネット通販では「タオバオ」（淘宝網）が、企業向けECサイトでは「アリババ」がある。また、「アリペイ」（支付宝）という電子決済サービスが中国で普及しており、中国だけでなく東南アジアにも進出している。

テンセントはSNSだ。インスタントメッセンジャー「QQ」は、中国語圏の人々のためのチャットソフトで、これでゲームなどの各種有料サービスに誘導する。

BAT成長の背後に、中国政府がインターネットを外国から遮断して独自の国内マーケットを作ったという事情があることは間違いない。中国の人口が巨大であるために、国内マーケットは巨大であり、それを外国企業（とくに、アメリカのＩＴ企業）と競争せずに独占できたことの効果は大きかった。

また、これまでＢＡＴが提供してきたのは、アメリカで始まった新しいビジネスモデルの物まねでしかなかった。グーグルに対応したバイドゥだけでなく、アリババはアマゾンやeBayの、テンセントはフェイスブックの、それぞれ模倣だったのである。

しかし、最近では、それが単なる模倣と言えない状況になっている。新しいサービスが次々と誕生し、急速に市民生活に浸透して、中国社会を変えつつあるのだ。

ＢＡＴのうち、アリババはニューヨーク証券取引場に、バイドゥはＮＡＳＤＡＱに上場している。アメリカ株のランキングとして、アリババは4位（時価総額５２４億ドル）、バイドゥは１１５位（同85億ドル）だ（２０１８年2月1日）。テンセントは香港証券取引所に上場されており、時価総額は４９６億ドルだ（２０１７年12月末）。

日本で時価総額が最大であるトヨタ自動車が、36位で２０６億ドルであることと比較すると、ＢＡＴ（とくにアリババとテンセント）の価値の高さがわかる。

ビッグデータを活用できる点でも、ＢＡＴは有利な立場にある。ビッグデータは、ＡＩ

の発展には不可欠だ。ＡＩを用いた自動車の自動運転が近い将来に可能になることを考えると、このことの持つ意味はきわめて大きい。ここには、新しい中国が出現している。

三輪自動車の運転手が作った世界企業アリババ

アリババが最初に始めたのは、企業対企業（B to B）の電子取引だ。中国の中小企業が世界に輸出するのを容易にするのが目的だ。アリババのサイトで紹介されれば、中小企業であっても、大企業の下請けや系列にならずに、外国の企業と取引できる。そして、世界的な水平分業に参加できる。

他方、中国企業と取引したい外国企業は、適切な相手を見出す必要がある。フォックスコンのような大企業なら誰でも存在がわかるが、中小企業の状況はわからない。本当に適切な取引相手は、大企業でなく、町工場かもしれない。アリババで調べれば、そうしたサプライヤーにもアプローチできる。

アリババは、中国のサプライヤーと全世界のバイヤーを結びつけ、中国が世界の工場として成長していく過程で、重要な役割を果たした。

だが、アリババの収益が本格的に増加したのは、そのあとだ。２００３年に個人対個人

（C to C）の取引を行う「タオバオ」を設立した。これは、個人が出品して個人が買う、ネットオークション・サイトだ。

さらに08年には、「テンマオ」（天猫、Tmall）を設立した。これは、企業対個人（B to C）型のモールだ。タオバオには個人名義でも出店できるが、テンマオには中国国内で登記された法人しか出店できない。タオバオで売られている商品には粗悪品も多く、またコピー商品や知的所有権を侵害する商品も多いと指摘されていた。テンマオでは高級感を出したいのだろう。

アリババの創始者でありCEOであるジャック・マー（馬雲）は、雑誌『フォーブス』の14年ランキングで中国第1位、世界で第31位の大金持ちになった。資産額は223億ドルにのぼる。

マーは、学生時代は劣等生で、大学受験には2度失敗。三輪自動車の運転手になった。その後、師範学院の英語科を卒業して英語を教えていた。たまたまアメリカへ行った時にインターネット会社を見てその将来性に感激し、95年にインターネット会社を設立した。帰国してから仲間とともにアパートの一室でアリババを立ち上げた。

「アリババは結党当時の中国共産党に似ている」と、かつて同社に勤務したある人が言う。

なぜなら、「二流のプロ集団が一流の仕事をしている」。

4　中国でのフィンテックやブロックチェーンの急成長

キャッシュレス化が急激に進む中国

中国では、電子マネーが爆発的に広がっている。２大サービスは、アリババの子会社アント・フィナンシャル（蚂蚁金服）が運営する「アリペイ」と、テンセントの「ウィーチャットペイ」（微信支付）だ。

これらは、プリペイド型の電子マネーだ。携帯電話の番号がアリペイの口座番号代わりになっているので、相手の携帯電話の番号さえわかれば、簡単に、ほとんどゼロのコストで送金できる。誰でも、どんな店舗でも、投資や特別な審査なしに利用できる。

アリペイは仮想通貨ではないので、事前に銀行口座からアリペイの口座に現金を入金しておく必要がある。ただし、銀行口座からアリペイの口座に現金を移動させる際に、手数料はかからない。また、銀行口座から現金として引き出す際にも手数料はかからない。

新しい送金手段を実用化するためには、多数の利用者が存在することが必要である。アリペイの場合、国内利用者が推定約8億人（常用者が約5億人）と言われるので、十分な規模だ。ウィーチャットペイと合わせると、利用者は10億人をかなり超えると見られる。

中国における電子マネー取引額は約150兆円と言われ、約5兆円の日本と比べると、30倍以上も差がある。電子マネーの分野で、いまや中国は世界の最先端にある。

アリペイは、アジア、ヨーロッパ、そしてアメリカにも急速に進出している。各国の企業と提携して、現在34ヶ国に進出している。国外の利用者は約2・5億人と言われる。将来日本に進出する計画も持っているようだ。

フィンテック（金融業務でのITの活用）の分野における中国企業の躍進ぶりは、目覚ましい。総合コンサルティング企業のアクセンチュアのデータによって2016年のフィンテック関連投資額を見ると、中国と香港の合計で102億ドルになった。これはアジア・パシフィック地域の投資総額112億ドルのじつに91％だ。

日本は、わずか1億5400万ドルに過ぎない。中国・香港は、日本の66倍なのだ。「まるで比較にならない」というのが現状だ。この分野では、日本は中国に遥かに引き離されてしまっている。

フィンテックと中国のユニコーン企業

このように中国のＩＴ分野には、先進的な企業が多数現れている。とくにフィンテックで新しい事業が続々と誕生している。価値の高いスタートアップ企業の数でも、中国はアメリカと拮抗する状態になっている。

Fintech100（フィンテック１００社）は、国際会計事務所大手のＫＰＭＧとベンチャーキャピタルのH2 Venturesが作成するフィンテック関連企業のリストだ。２０１６年においては、アメリカが35社、中国が14社となっている。世界首位が電子マネーを提供するアント・フィナンシャルだ。

中国企業は、14年は1社だけだったが、15年には7社となり、インターネット専業の損害保険会社の衆安保険（ZhongAn）が世界首位となった。16年には、さらに中国企業が躍進しているわけだ。

17年では、中国アリババの関連会社アント・フィナンシャル、衆安保険、Qudian（趣店）がトップ3を独占した。トップ10のうち中国の企業が5社を占めている。これはアメリカ3社より多い。

ユニコーン企業全体で見ても、中国の躍進ぶりは著しい。Sage UKがまとめた調査結果Unicorn Leagueによると、ユニコーン企業数は、アメリカ１４４社、中国47社、インド10社などとなっている。このように、中国ユニコーン企業の数は、アメリカのそれに近づいている。

ブロックチェーン関連でも躍進が目立つ中国

ブロックチェーン関連の新しいプロジェクトでも、中国の躍進が目立つ。

中国のブロックチェーン企業について、中国の調査会社「乌镇智库」(Wuzhen Institute)の『中国区块链产业发展白皮书』(中国ブロックチェーン産業発展白書)が興味あるデータを示している。

それによると、ブロックチェーン関連企業の設立数ランキングは、これまでアメリカが世界一で、２位の中国との間にはかなりの差があった。しかし、２０１６年には、中国がアメリカを抜いて世界一となった。

ニュースサイト「コインテレグラフ」が伝えたところによると、アリババは２０１７年、ブロックチェーン関連の特許取得ランキングで、世界一だった。43件となっており、２位のバンク・オブ・アメリカの33件より多い。下部組織を含めると、中国人民銀行が世界で最も多くのブロックチェーン関連特許を有している。世界ランキング上位１００社の大半を中国企業が占めており、アメリカの33％を超えている。

中国の金融機関では、いまだに紙やファックスが使われ、書類の決裁も印判を使うことが多いが、これをブロックチェーンで改善しようというプロジェクトが進められている。テンセントは、中小企業向けの融資サービスも展開中だ。ブロックチェーンによって中間業者や書類の作成の手間を省き、返済状況等の台帳管理もブロックチェーンで行っている。

テンセントは、行方がわからなくなった子供の写真をブロックチェーンで共有し、探し出すサービスなども始めている。

平安保険グループは、ブロックチェーンチームを立ち上げた（同社は、中国保険業界でフィンテック分野をリードしている企業）。衆安保険は、ＡＩ、ブロックチェーン、クラウド、データドリブン化を促進するための「ＡＢＣＤ計画」を発表した。

中国では、醤油、米、卵などの偽造品が販売されるという「フェイクフード」問題が深刻化している。アリババは、これに対抗するため、ブロックチェーンを用いてサプライチェーンを通じて本物の食品を追跡する実験を開始すると発表した。

5 中国は数百年の後れを飛び越えようとしている

中国の大学はコンピュータサイエンスで世界トップ

次章でも述べるように、あらゆる経済活動の基本にあるのは、人材の質である。そうであれば、ここに中国の躍進の理由を見出すことができるはずだ。では、中国における高等教育の現状はどうなっているだろうか?

U.S. News & World Report が作成する Best Global Universities for Computer Science(コンピュータサイエンスでの世界最優秀大学)の2018年版によると、世界100位までに、中国の17の大学がランクインしている。このうち、清華大学は世界一だ。

このほかに、シンガポールの2大学、香港の5大学が100位内に入るので、これらを合わせると、中国系で24大学になる。つまり、コンピュータサイエンスで世界のトップ100大学のうち、約4分の1は中国系なのだ(なお、韓国は5大学が100位内に入る)。

10位までに絞ってみると、中国の3大学、シンガポールの2大学がランクインする。つまり、世界のトップ10の半分は中国系なのである。なお、このリストで、日本のトップは東京大学だが、世界のランキングでは91位にしかならない。

中国で、とりわけIT関連産業の発展が目覚ましいのは、このような教育体制によって質の高いIT人材が生み出されていることの当然の結果だと考えることができる。

中国では、国が事実上のIT鎖国を行い、そのためにグーグルなどの外国企業が中国から追い出され、それによって国内のIT企業が発展したという経緯があったことは、否定できない。しかし、中国の大学の高い水準を見ると、いまは状況が変わったと考えざるを得ない。

本章の3で、かつてのアリババについて、「二流のプロ集団が一流の仕事をしている」と言われたことを紹介した。しかし、この評価は、いまや当てはまるまい。「アリババでは、一流のプロ集団が超一流の仕事をしている」可能性が高いのだ。そうだとしたら、大変なことである。

中国の躍進は「リープフロッグ」

「リープフロッグ」(蛙跳び)とは、後れた段階にあった国や社会が、技術革新による新しい技術を取り入れることによって、発展段階の差を飛び越えて先に進歩してしまうことを指す。後れて発展した国が、先に発展していた国よりも、新しい技術の恩恵を受けるということだ。

その結果、「後なるもの先になるべし」という現象が起きる。リープフロッグの例として、中国における電話が挙げられる。中国の産業化は携帯電話の時代になってから始まったため、固定電話の時代を飛び越えて、携帯電話の時代になった。

もう少し古い例で言えば、最初に産業革命に成功したイギリスが蒸気機関やガスの技術にとらわれて、電気への対応が後れたことが挙げられる。後れて産業化に着手したドイツ、アメリカ、日本は、蒸気機関の時代を飛び越えて、電気の時代に入った。そしてイギリスを追い抜いた。

同じように新興国はリープフロッグする可能性がある。中国の新技術に対する対応も、その一例と言えるだろう。

中国のメディアも大学も、リープフロッグか

メディアについても、中国は、新聞、雑誌、書籍などの印刷物を飛び越えて、インターネットの時代に入ったと考えることができる。国土が広いことも、印刷物に比較した場合のインターネットの有利性を高めているだろう。

インターネット利用者数では中国は日本の5倍以上であるのに対して、新聞では約2倍にしかなっていない。人口1人当たりで言えば、中国は日本の5分の1程度でしかない。中国がいかにインターネットに偏《かたよ》っているかがわかる。

中国でアリペイなどの電子マネーが急成長した大きな理由は、クレジットカードのシステムが確立されていなかったことだ。ここでも、リープフロッグ現象が起きているわけである。

大学教育もそうかもしれない。中国の大学では、内戦と文化大革命を経て、過去との継続性が絶たれてしまったのではないか。

清華大学は、1911年に設立された「清華学堂」が前身で、28年に「清華大学」に改称され、工業分野を中心に多くの人材を輩出してきた。歴史は古い大学だが、文化大革命時代には、文革派の拠点の1つだった。中国の大学は、過去のしがらみにとらわれないた

めに発展できた可能性が高い（この点が、次章で述べる日本の大学との大きな違いである）。

中国ですべての変化が同時に起こっているのは、リープフロッグが現在起きていることを意味する。そうであれば、中国はいま、数百年の後れを一気に飛び越えようとしているのかもしれない。

ただし、すでに述べたように、中国には政府が支配する計画経済的要素と、民間企業が活躍する市場経済的要素が、矛盾をはらみながら混じり合っている。そして、政府の力はきわめて強い。この2つの衝突が、中国社会の今後の方向づけに関して大きな問題をもたらす可能性は否定できない。

第8章 では日本はどうすべきか

1　日本にフロンティアはなくなったのか

先進国は本当に長期停滞に陥ったのか

以上で見てきたように、ビジネスモデルの歴史的な転換が、アメリカや中国を中心として起きている。ところが、日本は、この動きに大きく立ち後れている。この現状をどう考えるか？　そして、それに対応するには何が必要だろうか？

「資本主義経済が衰退する」という指摘が、リーマンショック以降、しばしば聞かれた。長期停滞の原因として、フロンティアの消失を挙げる意見がある。すなわち、資本主義は富を周辺から中心に集中させる仕組みだが、現代の世界には周辺が残されていないために資本の収益率が低下し、資本主義が終焉《しゅうえん》せざるを得ないのだという。

このような指摘は、ローマ帝国の拡張主義や大航海時代のヨーロッパのアジアへの進出、あるいは20世紀初頭頃までのアメリカの西部開拓を念頭においたものだ。そこでフロンティアとして考えられているのは、地理的なフロンティアだ。確かに、地球上での地理的なフロンティアは、ほとんど消失したと言えるだろう。

しかし、第3章の1で指摘したように、情報・通信技術は、空間的な限界を超えてフロンティアを広げていることに注意が必要である。

このフロンティアは第4章、第5章で述べたGAFAやユニコーン企業による新しいビジネスモデルの開発、第6章で述べた新しい情報技術であるAIやブロックチェーンによって、さらに拡大しつつある。第7章で述べたように、中国では、こうした変化が一挙に起きている。

その一方、長期停滞という面で本当に大きな問題を抱えているのは、じつは日本である。

1990年代の始めから、日本経済の国際的な地位は顕著に低下した。これは、GDP（国内総生産）の国際比較をすれば明らかだ。90年から2016年までの間に、中国のGDPは、28・1倍に増加した。アメリカのGDPも3・1倍になった。それに対して、日本のGDPは、1・59倍になっただけだ。

中国のGDPは、90年には日本の7・8分の1でしかなかったが、16年には、日本の2・3倍だ。アメリカのGDPは、90年には日本の1・9倍だったが、16年には、日本の3・8倍になった。

経済全体の規模だけでなく、豊かさで見てもそうだ。アメリカの1人当たりGDPは、

90年には日本の約95%でしかなかった。しかし、16年では、日本の1・48倍だ。中国の1人当たりGDPは、90年には日本の82分の1であり、ほとんど比較にならなかった。しかし、16年では、日本の約2割にまでなっている。

なぜこうしたことになってしまったのか、その原因を明らかにすることが重要だ。

日本でも、潜在的にはフロンティアは失われていない

日本において、高度成長期と現代との違いは、フロンティアの有無だと言われることが多い。高度成長期の日本の前途には無限のフロンティアが広がっているように思われていた。事実、企業、官庁、大学などの組織は年々拡大し、次々に新しい仕事が生みだされていた。しかし、いまは閉塞的なムードが蔓延《まんえん》している。

将来を見通した場合に、とくに閉塞感が強く感じられる。労働力人口が減少する半面で、高齢者人口が増加する。財政赤字を解消できる見通しはますます遠のき、社会保障制度の維持可能性について、不確実性が増大している。総じて、日本からフロンティアが消滅してしまったという考えが一般的だ。

しかし、フロンティアは、与えられるものでなく、積極的に作り出すものだ。人口が増

加しなくなったからといって、日本経済にフロンティアがなくなったわけではない。とくに重要なのは、これまで見てきたように新しい技術によって広がったフロンティアだ。

産業革命型モデルから抜け出せない日本

日本とドイツは、第2次大戦後に目覚ましく発展し、経済活力の点で、アメリカやイギリスを抜いた。

これは、日本の経済組織が、その当時の技術にうまく適合したものであったからだ。第2章で述べたように、日本の製造業は、産業革命型のものだった。ちなみにその当時は、ソ連の躍進も目覚ましかった。とりわけ、宇宙開発のような大規模国家プロジェクトで、そうだった。

日本の高度成長期は、第2章で述べた巨大企業の成熟期だった。ビジネスモデルはすでにアメリカ企業によって確立されていたから、ひたすら成長し、大きくなることを目指せばよかった。しかし、その状況は、第3章で述べたように、1980年代から大きく変わった。

ところが、日本の企業や産業構造は何も変わらなかった。下請けとピラミッド型の企業一家が健在であり、学生の人気就職先も伝統的な大企業だ。多くの日本人は、企業は合併して、あるいは買収して大きくなることによって強くなると思っている。

日本の企業も、かつてはさまざまな新しいアイディアを生み出した。ソニーのウォークマンなどがその例だ。しかし、これらは個別製品のアイディアである。企業のビジネスモデル全体を大きく変えるようなものにはならなかった。

アップルのiPhoneは確かに製品のアイディアである。しかし、アップルはそれにとどまらず、生産の方式を垂直統合から水平分業に変え、それを世界的なものにまで発展させた。このように、ビジネスモデルを新しいものに変えたことに注意が必要である。

日本の失敗の真の原因は、ビジネスモデルの基本的な方向が間違っていることだ。状況が変化したのだから、ビジネスモデルの方向も大きく変わらなければならない。

2 企業が生まれ変わるためには

ビジネスモデルを転換できない理由

変化に対応して変わらなければならないのは、まず企業だ。なぜなら、現代社会において、経済活動は基本的には企業によって行われるからである（ただし、ここで「企業」というのは、株式会社だけでなく、個人企業も含む概念だ）。

では、どうすれば、企業はビジネスモデルを改革することができるか？

企業の構成員は交代するから、企業が新しいものに生まれ変わって存続することは、原理的には可能だ。古い企業がつぶれて新しい企業が誕生するより、そのほうが社会的摩擦《まさつ》は少なくてすむ。

現代でも、第３章で述べたＩＢＭの例がある。しかし、実際には、企業がそれまでのビジネスモデルの基本を転換するのは、非常に難しい。なぜなら、企業の中には、改革に反対する「抵抗勢力」が必ず存在するからだ。

とりわけ、過去に成功した企業ではそうだ。成功した事業を推し進めた人たちが現在でも企業内で重要な地位を占めている場合が多い。そうした人たちは、企業のビジネスモデルを大きく変化させることに対して、「抵抗勢力」となる。だから、会社の方向づけを大きく変えるのは大変難しい。

日本のように人々の企業間移動が限定的である場合には、とりわけそうである。企業の基本的ビジネスモデルは変えられないのが、むしろ普通のことだ。

抵抗勢力を排除できる経営者がいるか

抵抗勢力を排して企業のビジネスモデルを大転換させるには、強力なリーダーシップを持った経営者が必要だ。

ＩＢＭの場合のガースナーがその例だ。ＧＡＦＡもユニコーン企業も、強烈な個性を持つ経営者によってリードされてきた。しかし、これほどの力を持った経営者はごく稀《まれ》にしかない。

日本企業の経営者には、優等生型の組織人が多い。未知の大海に乗り出していくマゼランのような人は、途中で排除されてしまう。

ソニーが経営危機に陥った時、あるいはシャープが経営危機に陥った時、経営者は創業者ではなく、組織人だった。だから、ビジネスモデルの転換を決断することができなかった。

それに対して、シャープを買収したホンハイのCEOテリー・ゴウは、マゼランのような人だ。シャープがホンハイに飲み込まれたのは、当然のことである。

古い企業が劣化するのは日本だけではない

抵抗勢力のために変身できない企業は古くなる。現在の日本でも、日本を代表するとみなされてきた老舗企業の劣化が見られる。

半導体事業の売却を巡る東芝の迷走ぶりを見ていると、「この会社には経営者がいるのだろうか?」という素朴な疑問に襲われる(つい数年前まで、東芝は「理想的な企業ガバナンスを確立した企業」と言われていたのだが……)。

日産自動車で無資格の社員が完成検査をしていた問題や、神戸製鋼のデータ偽造問題もそうだ。

もっとも、古い企業が劣化するのは、当然のことだ。かつては経済をリードした企業が古いビジネスモデルから脱却できずに、ひたすら巨大化し、「意思決定が敏速にできないために身動きが取れなくなる」というのは、日本だけの現象ではない。

アメリカでも、USスチールやゼネラルモーターズ（GM）などのかつての名門企業が、いまでも経済をリードしているわけではない。

企業の新陳代謝を起こせるか

伝統的な企業の革新を期待するのが難しければ、「古い企業が退場して、新しい企業が取って代わる」という経済全体としての企業の新陳代謝が必要だ。

では、日本で企業の新陳代謝は起こっているか？

これを示すのが「起業率」だ。これに関して、グローバル・アントレプレナーシップ・モニター（GEM）の調査がある。調査結果は、Global Report - Global Entrepreneurship Monitorとして公表されている。

GEMの調査項目の1つに、「起業活動率」（Total Entrepreneurship Activity:TEA）がある。これは「起業の準備を始めている人と、創業後3・5年未満の企業を経営している人」が18～64歳の人口100人当たりで何人いるかを示したものだ。

2015年の結果を見ると、日本は4・8%だ。これは、アメリカ11・9%、中国12・

8％と比べると、かなり低い（なお、ドイツ、フランスも低い）。しかし、その一方で、カナダ、アイルランドなどでの起業率が高いことが注目される。

日本で新しい企業が生まれにくいことはしばしば指摘されるが、この調査もそれを明確に示している。

問題は日本人の志向ではなく社会の仕組み

日本で起業が少ないのは、日本人が安全志向だからだと言われる。しかし、リスク回避性向が日本人の生来の性格かと言えば、そんなことはない。問題は、社会の制度にある。とくに、失敗した場合の救済策だ。

新事業は失敗する可能性が高いので、失敗した場合の救済策が必要であり、そのためには、組織間の人材の流動性が必要だ。例えば、企業が中途採用を行うかどうかだ。

ところが、これまでの日本の雇用慣行では、中途採用が限定的だ。企業の核となる人材は大学新卒の段階で確保され、その後は大きく変わることがない。

では、実際のところ日本で正社員はどの程度流動化しているだろうか？

印象では、金融業などで正社員の流動化がかなり進んでいるように思えるのだが、統計では、それは確かめられない。長期的に見ても、流動化が進んでいるとは認められない。

つまり、日本社会では組織間の流動化が不十分なので、安全志向になるのだ。

ジャレド・ダイアモンドは、『銃・病原菌・鉄――一万三〇〇〇年にわたる人類史の謎』(倉骨彰訳、草思社、2000年)で、「歴史は、異なる人びとによって異なる経路をたどったが、それは、人びとのおかれた環境の差異によるものであって、人びとの生物学的な差異によるものではない」としている。

いまの場合にも、それが当てはまる。社会の成功を決めるのは、人々の性格ではなく、社会の制度である。人材育成の問題も同様だ。新しい時代に即した人材が育成されていないのは、日本人の能力が低いからではなく、高等教育の体制が時代に即応していないからなのだ。

日本が転換するには、人材の転換が必要

新しい時代を切り拓く基本的な力は、人材だ。

日本の製造業は、ものづくりに集中している。例えば自動車の自動運転に関しても、本来はソフトウェアが重要であるにもかかわらず、ハードウェアの側面に関心を持つ。ある

いは、ＩｏＴについては、センサーの製造という問題に関心を持つ。日本のエンジニアは、ハードウェアの分野に偏っており、コンピュータサイエンスなどの先端分野の専門家が著しく不足している。

日本だけが、相も変わらず、産業革命から継続する路線を歩んでいる。こうした状況を変えるには、企業の人材をシフトさせる必要がある。

これまでの日本の製造業で中心だったのは、ものづくりのエンジニアだ。それらの人々は、現在でも会社の意思決定に重要な影響力を持っている。ものづくり技術から脱却して新しい技術に対応するには、情報分野の専門家が中心人材になる必要がある。

日本の企業は、これまで、このような要請に対応できなかった。エレクトロニクス産業が劣化した基本的な原因は、そこにある。日本の技術が劣化したのではなく、技術の性格が変わり、そのシフトに日本企業が対応できなかったのだ。

日本の企業が、要求される人材のシフトに対応できるかどうかが、これからの産業の命運を決める。このことは、本章の最後に述べる教育の問題とも密接に関わっている。

3　新しい働き方をどのように実現させるか

税制が働き方に重要な影響を与える

起業率の少なさと同様に問題なのは、フリーランサーの少なさである。これについては、まず税制面の問題を指摘できる。

現在の日本の所得税制度で重要なのは、給与所得控除である。その額は、収入金額によって異なる。2017年では、収入が500万円の場合に154万円、900万円で210万円、1000万円以上で220万円などとなっている。給与収入からこれを差し引いたものが給与所得とされる。問題は、給与所得控除の額が適正なものかどうかだ。

給与所得控除の存在理由として、経費の概算控除があることは多くの人が認める。ただ、それだけではなく、勤労所得の担税力に対する配慮が含まれているという意見も多い。

給与所得控除の性格を判断する1つの手がかりは、経費の実額控除である。

1988年から、サラリーマンに対しても経費実額控除を認める「給与所得者の特定支出控除」が導入された。認められるのは、通勤費、転居費、研修費、帰宅旅費だ。201

3年以後は、費用の範囲が拡大され、資格取得費と勤務必要経費が追加された。計算法は、「給与所得控除額の2分の1を超えた時に、超えた部分の金額を給与所得控除額に加算できる」と改訂された。

これは、給与所得控除の半分が経費の概算控除であり、実際の経費がそれを超えた場合には、それに代えて実額控除を認めるという趣旨だと解釈することができる。

そうであれば、同様の措置が、給与所得以外の所得に関しても認められるべきだということになるだろう。

実際、青色申告される事業所得に対しては、青色申告特別控除（現在65万円）が認められる。これは、事業所得に含まれる勤労所得について、その担税力の弱さに対する配慮と考えることができる。また、現在はそうした措置がない雑所得などについても、同様の措置を認めるべきであろう。

その額を考えるためには、現在の給与所得の半分が経費の概算控除として適切な大きさか否かという問題が手掛かりになる。これを判断する手がかりも、経費実額控除にある。この制度の実際の適用状況を見ると。13年で1600人、14年で2000人であり、全体から見ればごくわずかだ。給与所得者数は約5800万人なので、3～4万人に1人ということになる。

つまり、経費の実額をこれだけ積み上げられる人はほとんどいないということである。ここから、実際の経費は、経費の給与取得控除の半分よりはかなり少ないと推測することができる。

以上の検討からわかるのは、現在の給与所得控除は、その半分だけを考えても、経費の実額控除としては大きすぎるということだ。したがって、給与所得者が、税制上優遇されていることになる。

給与所得者は、収入がガラス張りであり、源泉徴収で否応なしに徴税されることへの不満が強い。事業所得などに比べてそうした面があることは否定できない。しかし、源泉徴収されるのは、給与所得に限ったことではない。

例えば、雑所得とされる、書籍などの原稿料なども源泉徴収される。そして、雑所得に対しては、給与所得控除に相当するものがない。このため、税制上、二重の意味で不利な立場に置かれていることになる。

フリーランサーになると、税負担が増える

現在の所得税制には以上のような歪みがあるため、例えば雇用形態から業務委託契約に切り替えて、現在給与所得として得ている所得を事業所得の形態で得ることにすれば、負担が増えてしまう。

言い換えれば、給与取得控除が雇用という形での働き方を有利にしているということになる。つまり、フリーランシングや独立自営業的な働き方に対して障害になっているわけだ。

これを改めるため、事業所得や雑所得の勤労所得分に対して認めることが考えられる。働き方改革は政府の政策の中でも大きな比重を占めている。しかし実際に検討されているのは、雇用という形態を前提として、その枠内において、超過勤務をどうするかといった問題が中心だ。

こうした問題が不必要だとは言わないが、それは現在必要とされている働き方の改革に比べれば、一部のものに過ぎない。本来は、雇用という形態を超えた働き方の改革を目指すべきである。そのためには、現在の所得税の改革が大きな課題だ。

世界の大学ランキングで東大は46位

もっと根本的なことを言えば、未来のビジネスモデルの開発にあたって最も重要なのは、人材の育成だ。それは様々な方法によって行われるが、基本は高等教育、とくに大学・大学院での教育である。大学や大学院が、新しい時代の要請に応えられるような人材を養成することが大変重要だ。

では、現在の日本の状況を転換させるような人材は育成されているだろうか？　日本の教育体制は、このような大きな変化に対応した教育を行っているか？

大学や大学院などを評価したランキングもいくつか作成されている。イギリスの高等教育情報誌『タイムズ・ハイヤー・エデュケーション』が、毎年、「世界大学ランキング」（THE World University Rankings）を発表している。

２０１７年９月に発表された17〜18年版の結果は、つぎのとおりだ。

1、2位は、オックスフォード大学とケンブリッジ大学。3位は、アメリカのカリフォルニア工科大学とスタンフォード大学。以下、5位マサチューセッツ工科大学（ＭＩＴ）、6位ハーバード大学、7位プリンストン大学、8位インペリアル・カレッジ・ロンドン、9位シカゴ大学、10位スイス連邦工科大学チューリッヒ校とペンシルベニア大学と続く。

日本の大学で最も順位が高かったのは東京大学だが、46位。続く京都大学は74位だった。

トップ200にランクインした大学を国別に見ると、アメリカが62大学、イギリスが31大学、ドイツが20大学、オランダの13大学となっている。中国とスイスが7大学だ。日本でトップ200に入ったのは、東京大学、京都大学の2大学だった。

未来を作ってゆく基本的な力は教育であることを考えると、ここに見られる傾向は、真に憂慮《ゆうりょ》すべきものと考えざるを得ない。

大学の工学部は伝統的な産業分野が中心

とくに問題なのは、日本の大学がコンピュータ・IT関連で後れをとっていることだ。

第7章で、コンピュータサイエンスの分野で、清華大学などの中国の大学が世界のトップクラスに多数位置していることを述べた。日本はどうか？　日本では、東京大学1校のみだ。しかも、第91位だ！

「中国は日本より総人口が多いから、日本に比べて大学数が多くなるのは当たり前だ」と言われるかもしれない。しかし、第7章で見たように、（少なくともコンピュータサイエンスに関する限り）質も日本と比べ格段と高いと考えざるを得ないのである。

右に見た状況は、コンピュータサイエンス学科が日本にごく最近までなかったことを考えれば、当然のことなのである。日本の大学の工学部は、伝統的な工学分野に偏っているのである。名称を変えているので実態がわかりにくいが、土木、建築、鉱山、冶金、船舶などの伝統的分野がいまだに強い。

このように伝統分野のハードウェア関連に偏っている日本の工学部教育を、ソフトウェア関連にシフトさせる必要がある。しかし、それは容易な課題ではない。

国立大学では農学部が大きな比重を占める

日本の大学では、工学部だけではなく、大学全体が現実社会とずれている。

国立大学では、農学部がいまだに大きな比重を占めている。私は農学が不要だとは思わない。しかし、旧帝国大学で、農学部や農学研究科は、ほぼ全学の1割程度の比重を持っている。2015年の国内総生産に占める農林水産業の比率がわずか1・1%しかないことと比較すると、農学部の比重はあまりに大きい。

アメリカでは、「ランドグラント・カレッジ」(国有地付与大学)制度が1862年に作られた。その目的は、伝統的な大学では行っていなかった実学教育を大学で行うことだった。カリフォルニア大学、イリノイ大学、ＭＩＴ、コーネル大学は、この制度で作られた。これらの大学の本来の目的は、農学・工学などの「実学」を教えることだった。そのため、Ａ＆Ｍカレッジ（agricultural and mechanical college）と呼ばれていた。とくに、農学が重要な地位を占めていた。例えば、98年に商学部がカリフォルニア大学バークレー校に創設されたが、教育内容は、農業に関するテーマが主だった。しかし、アメリカの産業の変化に伴い、教育内容を変化させ、１９４４年にはビジネススクールに姿を変えた。

いまの日本の大学で新しい学部や学科を作れないのは、古い学部や学科をスクラップできないためだ。日本で大学に残って教授席を得るには、教授の仕事を受け継ぐことが必要だ。だから、専門を変えることが難しいのである。企業がビジネスモデルを変更するのは難しいが、大学の改革はさらに難しい。

個人はこのような変化にどう対応すべきか

以上で見てきたように、日本の劣化は、社会体制の問題であり、人々の考え方の問題である。その影響は、次世代の教育にまで及んでいる。問題の根はきわめて深く、簡単に解決ができるものではない。しかし、それらが変わらない限り、事態を変えてゆくことはできない。

そうした変化を進めるものは、結局は一人ひとりの変化だ。そのためにまず重要なのは、いま起きていることの本質を正確に把握することである。そこからしか新しい一歩は踏み出せない。

いま、旧世界が没落しようとしている。その廃墟《はいきょ》の上に、新しい世界が生まれる。その姿はまだ確実な形では捉えられないのだが、新しい物語が始まろうとしている。

【た行】

【さ行】

【か行】

■索引

【英数字】

【あ行】

野口悠紀雄 のぐち・ゆきお

1940年東京生まれ。63年東京大学工学部卒業、
64年大蔵省入省、72年エール大学Ph.D.(経済学博士号)を取得。
一橋大学教授、東京大学教授、スタンフォード大学客員教授、
早稲田大学大学院ファイナンス研究科教授などを経て、
2017年9月より早稲田大学ビジネス・ファイナンス研究センター顧問。
一橋大学名誉教授。専攻はファイナンス理論、日本経済論。
著書に『情報の経済理論』(東洋経済新報社、日経・経済図書文化賞)、
『財政危機の構造』(東洋経済新報社、サントリー学芸賞)、
『バブルの経済学』(日本経済新聞社、吉野作造賞)、
『「超」整理法』(中公新書)、
『ブロックチェーン革命』(日本経済新聞出版社、大川出版賞)、
『異次元緩和の終焉』(日本経済新聞出版社)、
『日本経済入門』(講談社現代新書)など。

NHK出版新書 550

「産業革命以前」の未来へ
ビジネスモデルの大転換が始まる

2018(平成30)年4月10日　第1刷発行

著者　野口悠紀雄

発行者　森永公紀

発行所　NHK出版
〒150-8081東京都渋谷区宇田川町41-1
電話 (0570) 002-247 (編集) (0570) 000-321 (注文)
http://www.nhk-book.co.jp (ホームページ)
振替 00110-1-49701

ブックデザイン　albireo

印刷　壮光舎印刷・近代美術

製本　ブックアート

Printed in Japan ISBN978-4-14-088550-5 C0233

NHK出版新書好評既刊

教養としてのテクノロジー
AI、仮想通貨、ブロックチェーン

伊藤穰一　アンドレー・ウール

AIやロボットは人間の「労働」を奪うのか？ 仮想通貨は「国家」をどう変えるのか？「経済」「社会」「日本」の3つの視点で未来を見抜く。

545

読書の価値

森 博嗣

なんでも検索できる時代に本を読む意味とは？ 本選びで大事にすべきたった一つの原則とは？ 人気作家がきれいごと抜きに考えた、読書の本質。

547

声のサイエンス
あの人の声は、なぜ心を揺さぶるのか

山﨑広子

声には言葉以上に相手の心を動かし、私たちの心身さえ変えていく絶大な力が秘められている——。その謎に満ちた「音」の正体に迫る！

548

悪と全体主義
ハンナ・アーレントから考える

仲正昌樹

世界を席巻する排外主義的思潮といかに向き合うか？ トランプ政権下のアメリカでベストセラーになった『全体主義の起原』から解き明かす。

549

「産業革命以前」の未来へ
ビジネスモデルの大転換が始まる

野口悠紀雄

AI・ブロックチェーンの台頭により、産業革命以前の「大航海の時代」が再び訪れる。国家・企業・個人はどうするべきか。500年の産業史から描き出す！

550